广东省“十二五”规划课题“高效物理课堂中学习小组合作方式的实践研究”成果

优化小组合作
让物理课堂更出彩

陈进文 / 著

南方日报出版社
NANFANG DAILY PRESS
中国 · 广州

图书在版编目（CIP）数据

优化小组合作让物理课堂更出彩 / 陈进文著. — 广州 : 南方日报出版社，2015.5

ISBN 978-7-5491-1253-1

Ⅰ. ①优… Ⅱ. ①陈… Ⅲ. ①中学物理课－课堂教学－教学研究 Ⅳ. ①G633.72

中国版本图书馆 CIP 数据核字(2015)第 091764 号

YOUHUA XIAOZU HEZUO
RANG WULI KETANG GENG CHUCAI

优化小组合作让物理课堂更出彩 陈进文 著

出 版 人：周洪威 责任编辑：方 明
封面设计：劳华义 责任技编：王 兰
责任校对：阮昌汉

出版发行：南方日报出版社
地 址：广州市广州大道中 289 号
电 话：（020）83000502
经 销：全国新华书店
印 刷：广州市怡升印刷有限公司
开 本：787 mm×1092 mm 1/16
印 张：12.5
字 数：205 千字
版 次：2015 年 5 月第 1 版
印 次：2015 年 5 月第 1 次印刷
定 价：30.00 元

投稿热线：（020）83000503 读者热线：（020）83000502
网址：http://www.nfdailypress.com/
发现印装质量问题，影响阅读，请与承印厂联系调换

序言一

当今社会的各个领域都越来越注重人的合作精神、合作意识和合作技巧。只有积极的情感体验和思维交流，才能促进学生全面素质的提高。如果不善于和他人合作，将不同的知识加以交流、综合、提高和应用，就不能适应时代的发展要求。为了培养学生的自学能力、获取信息和表达信息的能力以及协作精神，使学生的学习变得更为自主、更为生动活泼，小组合作学习成了物理教师们的首选。合作学习是目前世界上许多国家都普遍采用的一种具有创新和有效的教学理论与策略体系。采用小组合作学习，可以优化教与学的关系，改变学生学习方式，激发学生学习物理的兴趣，培养学生的合作、交流和探究的能力，促进学生素质全面发展。

2012年10月，我参加了广东省教育厅组织的新一轮“百千万”名教师培养对象开班仪式，成为陈进文老师的导师。经过两年的培养，陈进文老师在2013年12月被评为广东省初中物理唯一的中学物理正高级教师。今欣闻陈进文老师主持的广东省“十二五”规划课题“高效物理课堂中学习小组合作方式的实践研究”结题，研究成果获广东省中小学教育创新大赛奖，甚为欣喜。陈进文老师的“高效物理课堂中学习小组合作方式的实践研究”课题的研究成果反映出，在初中物理课堂教学中开展小组合作学习对改善课堂气氛，提高课堂效率，促进学生形成良好的认知心理品质，起着不可低估的作用。

陈进文老师撰写的《优化小组合作让物理课堂更出彩》一书对如何有效开展小组合作学习颇具指导意义，充分体现了学生在物理课堂或第二课堂如何优化合作式学习的特点。本书重点论述合作学习师生的角色定位、实施策略、教学方法和评价方式，既有理论方面的引领，又结合大量的教学案例和图片提供了很好的借鉴作用，我相信该书将为广东省其他学校尤其是农村学校尝试合作学习提供非常有益的帮助。

陈进文老师通过大量的教学实践表明：在初中物理课堂中开展小组合作教学

模式，通过学生间的互动交流实现优势互补，从而促进知识的建构。在物理教学中通过合作学习，有助于培养学生的合作意识和能力；有助于激发学生的学习兴趣，增强学生学好物理的信心；有助于培养学生正确的竞争意识和能力，同时通过小组成员间互动和帮助，实现每个学生都得到发展的目标。

二十多年来，陈进文作为一线教师，积极开展课题研究，坚持以研促教，不断探索和优化物理课堂结构。他先后主持了6个全国、省、市、区的课题，其中分别主持了全国“十五”教育部规划课题“‘研究性学习’在物理教学中应用探讨”、全国“十一五”教育部规划课题“‘四自四导’模式下初中物理自主探究学习方式的研究”和广东省“十二五”规划课题“高效物理课堂中学习小组合作方式的实践研究”课题，经课题专家组审查验收，同意结题，并评为课题一等奖，研究成果在全市大力推广。现正主持一个广东省“十二五”规划课题“初中生学习‘高原期’心理辅导研究”。同时他还善于总结教学经验、撰写教研文章，有30多篇获国家、省、市、区优秀评比一、二、三等奖或在国家级、省级刊物发表。

由于他对教育事业的不懈追求，“一分耕耘，一分收获”，他先后被评为“佛山市名教师”“佛山市中学物理学科带头人”“佛山市优秀教师”“佛山市优秀德育工作者”“南海区初中物理学科带头人”“南海区骨干教师”“南海区优秀教师”“南海区教育教学科研先进工作者”“南海区人民政府高层次人才”。2014年12月，他成功晋升为南海区及至佛山市屈指可数的广东省中学物理正高级教师（教授级）。

陈进文老师“扎根教坛，潜心钻研，积极向上，锐意进取”的为人处事风格给我留下了深刻的印象，在当今物欲横流的珠三角发达地区，实属难能可贵！

成绩和荣誉只是人生旅程中一道不经意的风景，希望陈进文老师将一如既往，为初中物理教学改革与创新作出自己的努力。

罗质华

2015年3月

（本文作者系广东第二师范学院物理系主任、教授，广东省中小学新一轮“百千万人才培养工程”初中名教师培养项目理论导师）

序言二

谈谈陈进文老师的教学风格

如果我们回忆那些曾经教过我们的老师，也许我们已记不清老师教给我们的那些知识，但对老师的教学风格一定记忆犹新。也可以说留给我们记忆深刻的都是那些风格鲜明、特点突出的教师。教师独特的教学风格能够影响课堂教学效果，对学生各种心理品质的发展具有潜移默化的作用，并使其教学活动给学生留下终生难忘的深刻印象。

教学风格是教师在教学过程中表现出来的富有个性化特征的风度和格调，是教师教学思想、教学理念、教学艺术特点的综合表现。教师的教学风格主要通过能够影响师生关系和课堂氛围的教学态度、教学语言、调控方式、结构艺术和场景形象等表现出来。如有的教师语言风趣，富有幽默感，课堂气氛活跃；有的教师善于设疑，循循善诱，启发诱导；有的教师善于思考，思维活跃，勇于创新；有的教师论证严密，逻辑性强，语言有逻辑说服力；有的教师知识广博，旁征博引，视野开阔，等等。教学风格的形成，是教师在教学上成熟的重要标志，确立自己的教学风格，不仅有利于教学水平的提高，而且有利于加速专业化成长的进程。所以，教学风格是教师专业化发展，乃至教育职业生涯发展的重要问题。任何一位名师在其发展的过程中都会形成自己的风格，但是都会有一些共同的特点，那就是必须具备高尚的师德、高超的业务能力和甘于奉献的职业态度和职业精神。我的同学陈进文老师就是具备了这样条件的人。

我是在2012年10月中旬广东省中小学新一轮“百千万人才培养工程”名教师培养对象开班仪式上认识陈老师的，他给我最初的印象是成熟稳重、儒雅亲和，有气质。进一步的了解是在我们一起参加省“百千万人才培养工程”名师培训的三年多时间里，我与他一起学习、研讨、交流。正因为他特有的成熟气质，创新与执着，特别是课堂上他敢于打破常规，“情境联动、平实无华”的教学风格深深地吸引着我们。

在省“百千万人才培养工程”名师班培训三年时间里，我听了不少他的课，让我感受最深的是他善于把比较枯燥无味的课堂进一步激活，亮点一是他善于创设和利用物理情境，精心设计互动环节或充分利用学生身边的生活用品制作实验器材，通过让学生开展小组合作学习的方式一起动手设计物理实验。亮点二是作为一名初中物理教师，他对所教的专业知识烂熟于胸，讲课谈吐风生、激情投入、应变自如，形成了独特的教学风格。这些往往能引起学生有益的遐想，激发他们学习物理的兴趣，使他们建立起持久而牢固的学习愿望。在物理课堂教学上，他能充分利用好自身的语言艺术——生动、精炼、亲和、幽默，真正做到通俗易懂、深入浅出，让学生在合作、和谐、愉快的气氛中学习物理知识，在有限的时间内，对所学知识留下深刻的印象。

看到他的专著——《优化小组合作让物理课堂更出彩》的稿样，我深深地被他的智慧、哲理所吸引。《优化小组合作让物理课堂更出彩》这本书集结了陈进文老师从教以来的如何优化小组合作学习，打造物理出彩课堂的一些做法、体会、案例等……给我留下了两个突出的印象：一是注重小组合作学习。陈老师长期注重学生的小组合作学习，对物理小组合作教学有自己独特的理解，并花了很大功夫让学生自主探究、团结互助，进而激活物理课堂。这与他的“情境联动、平实无华”的教学风格是一脉相承的，通过创设物理教学情境和学生的小组合作学习加强师生上下联动，努力营造民主和谐的教学氛围。通过师生教学情境联动和学生小组合作学习，让学生学会与同伴分享学习带来的成功和快乐，进一步激发学习物理兴趣，引发学生逐渐喜欢陈老师本人，喜欢他的课堂教学，进而喜欢物理这门科学。二是以培养学生能力为出发点。他的教学经历不短，从一开始就不是那种满足于追求成绩的教师，他一步一个脚印不断务实进取，到现在是南海区乃至佛山市响当当的初中物理学科带头人、南海区人民政府高层次人才。无论当初是一名初出茅庐的老师还是现在全市屈指可数的广东省物理中学正高级教师（教授级），他一直把学生的综合能力发展记挂在心头上，想方设法设计教学情境让学生走近物理，引导学生把物理学习的重心放在了感悟生活上，而感悟的手段则在掌握学习物理的方法——其中小组合作学习是学好物理的重要方法之一。总之，陈老师是一个不断学习、善于学习的人，既向学生学习，也向同行学习。陈进文老师现在是广东省新一轮“百千万人才培养工程”初中名教师的标杆人物，是我们一直仰慕和学习的榜样。

这本《优化小组合作让物理课堂更出彩》就是陈老师开展物理课堂小组合作学习研究日积月累的结果，是物理课堂魅力、方法、实战的高度概括，更是物理课堂教学风格的延伸。每一位一线物理教师都有自己对小组合作教学的理解，以及呈现其理解的独特方式，我个人对此十分尊重。本书的编目与写作目的用陈老师自己的话说是：告诉学生物理小组合作学习的魅力所在，激发学生学习物理的兴趣；告诉学生物理小组合作学习的方法和技巧，让学生在自主学习时能够互帮互助。显然，陈老师本意是想写一本物理教师小组合作教学和学生小组合作学习物理的指导书，这本书有一定的理论含量和实践意义。我一向主张接受来自各方面对物理小组合作教学实效性的有意探索，不管是老教师的经验，还是年轻教师的经历，无论是优秀教师的宏篇大论，还是一般教师的精致小品。

《优化小组合作让物理课堂更出彩》是对物理小组合作教学实践的反思、研究和开发，是对物理教学规律的探索，是开发物理教师潜在的创造力和智慧的过程。托尔斯泰说过：“一个教师如果热爱事业，他是一个好教师；一个教师如果只像父母那样爱孩子，他是一个比那种虽读万卷书但不爱事业也不爱孩子的教师更好一些的教师；而如果教师把对事业和学生的爱兼备一身，他就是一个完美的教师了。”作为珠三角发达地区一名初中物理教师，能够耐得住外界繁华的诱惑，一直致力于三尺讲台上，以理论为友，以大师为师，忠于实践，执着追求教育事业，的确是值得我们尊重与学习。

今天有幸应邀作序，实在兴奋与激动，让我有机会再次学习陈老师对教育事业的执着追求，再次学习他充满活力、充满智慧、充满信心的工作热情，再次学习他对物理小组合作教学实践经验的总结。我期待《优化小组合作让物理课堂更出彩》的出版，给我不断前行的巨大动力。

最后，我认为要想成为一位物理名师，需要不断提高自身的教育素养，在教育实践中，端正工作和人生态度，自觉更新教育教学观念，提高认识，努力做到教育实践和教育认识的统一；在教育实践中，要把教书和育人结合起来，学会使用现代教育理论，力争做到精于教书和善于育人的统一；在教育实践中，要坚持教研和科研，努力做到教学工作和教学科研的统一。这样，我们就离名师越来越近，就会形成自己独特的教学风格。期待大家在教育的道路上张扬个性，不懈努力，成为一位在本地区有影响力、有自己独特风格的物理名教师。

沈志亮

2015 年 3 月

（本文作者系清远市阳山县青莲中学教导主任、中学物理高级教师、广东省中小学新一轮“百千万人才培养工程”初中名教师培养对象、广东省南粤优秀山区教师、清远市中小学教师工作室主持人）

目 录

contents

第一章　绪　论

第一节　合作学习定义

合作学习是指学生为了完成共同的任务，有明确的责任分工的互助性学习。合作学习鼓励学生为团体（小组）的利益和个人（学生）的目标而一起学习，在完成共同任务的过程中实现自己的理想。

21 世纪的学校是“学习共同体的学校”，教学过程是一个尊重学生个性化发展，同时又是一个相互影响和互为促进的交流过程。因此，课堂作为学校教育教学活动的基本单位，担负着特殊的社会功能和文化使命，必将成为由教师和学生共同组成的学习共同体。所谓学习共同体，是指由学生及教师、教研员和专家等共同构成的团体，团体成员在学习过程中经常进行沟通、交流，并分享各种学习资源，共同完成一定的学习任务，形成相互影响、相互促进的人际联系。

合作学习（cooperative learning）作为一种富于创意的教学理论与策略体系，20 世纪 70 年代兴起于美国，由于它可以大面积提高学生的学业成绩，并且能满足学生的心理需要、促进学生情感的发展，很快受到了世界各国的普遍关注，成为目前许多国家采用的一种主流教学理论和教学策略，被人们誉为“近十几年来最重要和最成功的教学改革”。对于什么是合作学习，由于各国的合作学习的实践有一定差异，目前学术界对合作学习的概念尚无统一认识，表述上也就千姿百态，如欧美国家叫“合作学习”，前苏联叫“合作教育”，也有书籍称“协作学习”或“合作教学”。

物理是一门以实验为基础的学科，学生对于物理知识的获得，基本上是建立在实验的基础上，而一个完整的实验探究过程往往不是一个人能够完成的，小组合作学习是物理教学中一种行之有效的教学模式和教学策略。

第二节　小组合作学习存在的问题及成因

作为本课题研究的一项重要内容，课题组于2011年4月组织了一次“初中物理小组合作教学现状”的调查活动，宗旨是为了准确了解当前初中物理小组合作学习实施的现状。通过调查，发现问题主要表现在如下几个方面：

1. 合作学习流于形式，缺乏真正意义的合作

调查中发现，在初中物理教学实践中，一些教师对合作学习往往疏于设计，随意运用。未虑及学生的实际情况，贸然采用小组合作学习的方式组织学生开展相应的活动。我们经常看到这样的一些现象：课堂上又是小组合作讨论，又是表演，又是动手操作，又是研究成果展示，课堂气氛很活跃。仔细分析便会发现其原因在于所谓的学生合作学习只是流于形式上的热热闹闹，并不能使小组的每个成员都参与到合作学习的学习活动中去。在合作学习的课堂上，我们常常看到一些优秀的、表达欲望较强的学生成为学习的主角，而另外一些学困生限于自身知识水平和表达能力，不得不选择沉默，被有意无意地边缘化了，大多数时候他们成为了课堂学习中的看客。

2. 目标不明，分工不落实，学生参与度不高

许多教师认为，所谓小组合作学习，就是将传统的由教师一言堂改变为学生“自己做”；将教师传授为主活动改变为学生自主探究为主活动；在学习中，学生的独立性与相互合作性是最为重要的特征，教师最好的策略在于少为乃至不为。由于这种观念作祟，使得许多教师在学生合作学习时成了旁观者，合作学习则成了纯粹意义的自学，学习小组像无头的苍蝇，不知探究应该指向何方。在实际的小组合作学习过程中，有些教师往往不能把握自己的角色。在学生讨论时，教师要么站在讲台前，要么轮流转几圈，看看这组，瞧瞧那组，变成了观众，不能把自己融入到学生的学习中，也就不可能成为学生的学习合作伙伴。这些现象，归根到底还是教师的角色没有发生转变，教师在学生的小组合作学习中没有能够发挥更好的作用。

在合作学习的实践中，有不少教师往往很注重自己的课时任务的完成，而较少关心或指导合作学习小组具体目标的实施，小组成员的任务分工则更少过问。于是，学生在小组合作学习中出现了一些不和谐的状态：忙的瞎忙（不知道自己在干什么）；闲的很闲（不知道自己要干什么）；闹的很闹（与其闲着倒不如乘机取乐）。究其原因，首先在于教师对合作学习目标认识不足。其次，对学生进行合作技能的教授与训练不够，导致学生因为缺乏必要的合作技能而无法安于合作，从而直接影响合作学习的顺利进行甚至严重削弱教学效果，至于培养学生的合作品质，则更无从谈起。

3. 合作意识与技能缺乏，合作学习效果不佳

学生的合作意识普遍薄弱。由于现今学生大多为独生子女，大多数人从小娇生惯养，养成了自我为中心的不良心态与习惯，从而使得他们在合作学习中的自行其是，甚至唯我独尊。出现学生合作意识缺乏的原因在于，我们教师在平时教学中心理疏导较少，学生缺乏自信心和归属感，学习活动情意色彩不浓。也有部分学生合作愿望强烈，但往往缺乏良好的协作技能，尤其是群体中的交往技能。良好的合作意愿，不但无法转化为实际的合作实践，反而演化成了不欢而散的局面。这种缺乏合作意识，不愿倾听他人的看法，不懂得如何与他人商榷，遇到不顺己意时便对同伴指责与埋怨等情况的存在，无疑也是合作学习不能顺利开展的原因之一。

第三节　小组合作学习的章程

合作学习是指学生在小组或团队中为了完成共同的目标与任务，有明确的责任分工的互助性学习。而物理是一门以实验为基础的自然科学，新课改倡导“自主、合作、探究”的理念，小组合作学习可以培养学生合作能力、实验能力、思维能力，小组成员之间通过合作交流为课堂带来生气，感受到探究学习的快乐。因而小组合作学习逐渐成为物理实验教学的常用的方法。

一、学习小组的制度

本着“组间同质，组内异质”的基本原则对全班学生进行学习小组划分，可以从性别爱好、心理素质、身体素质、家庭背景、认识水平、学习程度、道德品质等不同视角来人为区分，主要划分如下几种：

1. 同质分组

学生个体现有学习程度角度同质分组的含义，是将心理素质、性格爱好、学习水平、理解能力、探究特质相近的学生分为一组，在课堂教学时让他们一起讨论问题，一起动手实验，共同提高学习能力，相互促进学习。

2. 异质分组

所谓异质分组，就是把学习能力、兴趣爱好、操作能力、性别、性格甚至家庭背景等诸方面不同的学生组成合作小组。文献表明4—6人的小组最好（Dillion，1987），在大组中，学生非常容易隐蔽自己，不参与交流。这样，小组内部学生之间在能力、个性等各个方面是互补的，有助于小组成员之间互相学习，完成不同要求的学习任务。而在同一班级中的不同小组间，各学习小组又是尽可能同质的，这样有利于激发各小组之间的竞争欲望，而且这样的竞争是平等的、可持续的。在进行合作学习小组分组时，教师要对每一个学生的基本情况都了解，有意识地安排学生的座位，任课老师和班主任之间要有互相的交流与合作，努力使合作学习小组的分组尽可能的合理，创设真正有利于学生合作探究的基础条件，有利于每一个学生在合作学习中获得有效的发展。合作探究小组的分组不能是随意的，不能在没有按异质分组原则的情况下，搞表面化的轰轰烈烈的合作探究。

3. 团队原则

小组的组员都是围绕一个共同的学习目标而整合的小团体，成员的学习、反思、成长与评价都与小组的成员紧密联系，只有小组的目标实现了，组员才能达成个人目标，即小组成员不仅要努力实现个人目标，更需要帮助其他小组成员来实现目标。

4. 制定目标

学习小组要想更加激发其组员学习的源动力，提高他们学习的有效性，培养他们的合作精神、沟通能力、团队意识和集体观念，实现更大的成功、形成更积极的关系，必须要制定小组目标和个人目标。个人和小组的目标是相互依赖、相互支持和互相促进的关系。

二、学习小组的规范

（一）组长职责

组长是小组的核心灵魂，是小组的带头人，既是小组活动的最高领导者又是小组组织活动的实施者。组长应在教师的指导下履行职责。

1. 组长要起示范引领作用，自觉遵守小组内的各项规章制度，高质量地完成各项任务，协助组员完成各项任务，协调老师开展活动。

2. 组织组员开展课内外的合作学习，每天记录组员完成探究学习的情况，组织同学进行预习，并做好实验方案的设计、交流与合作等环节。

3. 分配小组学习任务，让小组合作学习有序开展，如探究活动、展示活动等，组长应对组员进行分工，以便更好地完成任务，应注意让组员轮流完成查资料、质疑、猜想、任务设计、分析与论证、交流与合作、实验结论等任务。

4. 组长遵照小组合作制度对组员进行客观评价，并将结果按时反馈给科任老师和组员。

（二）合作组员的要求

1. 组员应服从组长安排，自觉完成各项任务。（加 1 分）

2. 自觉遵守纪律，积极参与研讨，举手回答问题，积极参与展示，积极合作与交流，积极参与互帮互学等活动，充分体现学习自主性和合作性。（加 2 分）

3. 组员要按质按时完成导学稿，并及时缴交，不抄袭等。（加 2 分）

4. 合理分工，机会均等，轮流执政，互帮互爱，责任到人。（加 2 分）

（三）小组评价

1. 考核机制

考核主要从导学稿的预习情况、课堂优良情况（如：交流、合作、回答、帮扶）、目标达成情况、作业反馈情况等四个方面进行，预习完成情况以组员实际完成的预习任务情况为依据，四个方面的评价分为四个等级（优、良、中、差）依次计 3、2、1、0 分。

2. 扣分机制

（1）组员应服从组长安排，自觉完成各项任务。如违反上述要求的，每次扣 1 分。

（2）要独立完成导学稿的预习、自主学习和反馈检测等任务，组员要按时完成导学稿的拓展作业，按时缴交，不抄袭，若没有完成一次扣 1 分，缺交作业一次扣 1 分，作业、测试抄袭每次扣 1 分。

（3）组长组织组员开展课内外的合作学习，每天记录组员完成探究学习的情况，组织组员进行预习，并做好实验方案的设计、交流与合作等环节，否则扣 1 分。

小组长按周为单位来统计组员得分情况，并计算本组总得分，最后算出每个月、学期的平均分。（小组长的得分由本组组员、科代表和科任老师评定。）

3. 评价结果

科代表每周汇总一次，评出周最佳学习小组和个人，进行表扬。并将分数累加到下周，教师每月汇总一次，按照分数高低评出月最佳小组和个人，进行奖励。以此类推，最后评出学期最佳小组和个人，进行全班表彰，并进行颁奖。

第二章　合作学习中师生的角色定位

第一节　在小组合作学习中教师的主导地位

随着新课程改革的深化，小组合作学习方式取代了传统的灌输式教学，被越来越多地应用到了教学实践中，那么在初中物理运用小组合作学习方式组织教学时，教师的主导作用如何发挥呢？教师的主导性作用除了实时地关注学生探究动态，予以科学地评价，更重要的在于制定小组合作学习的内容，合理创设学习情景，科学处理学生的猜想。

教师在小组合作学习中是学习目标的制定者，导学稿的编写者，情境的创设者，讨论的引导者、参与者、协助者和评价者，而不是以前传统主体地位。小组合作学习中，教师的角色与以往的教师在课堂上扮演的角色是不一样的，因此，合作学习取得成功与否的关键是教师能否正确认识自己的角色，给自己在课堂教学中的角色正确地定位，只有这样才能更有效地促进合作学习的推进和展开。在小组合作学习中，教师是建构者、引导者、参与者和评价者。

一、教师是合作小组建立的建构者

在物理课堂中实施有效的合作学习的关键就是分小组要具有合理性。这就要求教师深入调查、仔细了解学生的年龄、性别、性格、兴趣爱好、认识水平、个性特长、家庭文化背景等因素，按照组内异质、组间同质的基本原则进行分组，目的是让不同的学生在合作学习中取长补短，共同成长。学习小组不能一成不变，可以一个月左右个别小组进行微调，让学生在不同的小组中得到不同的发展，但要相对具有稳定性。小组的建构切忌随意性、盲目性和凑合性，没有实效性，很多教师在组成班级学习小组时还只是停留在形式上，课堂气氛热闹，好像很有合作，但却解决不了什么问题，这就称为“伪合作”。

二、教师是合作学习的引导者

合作学习能否在物理课堂中得到有效的实施，取决于合作技能水平的高低。首先，在课堂开展合作学习之前，还需教师在合作技巧方面给予耐心指导，通过集中培训和个体适时指导，来提高他们的合作技能。让小组中的每个成员都有明确的分工，做到各司其职、各尽其责。小组长的产生，可以由教师指定和同组成员推荐的办法产生，但第一任的组长，尽可能由责任心、组织能力、表达能力和亲和力比较强的同学担任，以发挥他们在合作学习初始阶段起到引领示范作用，以后小组长由成员每周轮流担任，以便有效地培养个体成员的组织表达能力。同时，老师要对学生合作技能进行培训指导，通过培训让学生懂得“七个学会”，即学会尊重、倾听、协助、合作、责任、质疑、表达、反思。

三、教师是合作学习的关键者

合作学习是贯穿在课堂中，但不是什么内容都进行合作学习，这需要教师在备课时就充分考虑，合理安排，既要针对学习目标，又要考虑合作的价值所在，为什么安排合作？合作的目的是什么？要解决什么问题？只有明确合作目的，选择科学的合作时机（一般在有知识的重难点处开展合作学习），才具有价值。在课堂中，教师应在知识的关键处、思维的转折处、规律的探求处设计合作活动，充分发挥学生的主体作用，这样对于解决问题、构建知识网络、培养合作能力、沟通能力才能起关键作用。

四、教师是合作学习的参与者

合作学习的开展对教师提出了更高的要求，教师除了要精心组织备课，引导学生参与学习活动外，还要作为小组中的一员参与到小组研讨，讨论问题，发表见解，共同动手设计实验、分析与总结、探索规律。为了有效地开展与学生的合作。首先，教师的角色发生改变：由传统的知识传授者和管理者转变成组织者、引导者与协作者，这就要求教师更加深入地研究生情和学情，根据情况适时指导，调整活动策略，从而促进师生有效互动，达到小组合作学习的目的，实现课堂教学的目标。聆听学生的发言，若学生说错的，可以先让同组或其他组的学生进行更正或补充；仍有错，教师再引导学生思考，最后帮助学生找出正确的答案。学生回答正确的老师应及时给予赞赏。

五、教师是合作学习的设计者

小组合作是否有实效，决定教师对合作内容的合理设计。内容的设计既要符合学生的认识规律，又要符合知识的连续性、渐进性、层次性等。

通过问题情境的设计，引导学生对问题情境进行讨论、交流与合作，分析与归纳，整理与结论符合学生的认知规律。

另外，教师还是小组合作学习中的评价者、引导者和激励者。

第二节　在小组合作学习中学生的主体地位

新课改的核心理念是要转变教师教和学生学的方式，强调学生主体参与性，实现学生自主、合作和探究学习，联系社会生活，掌握生存技能和方法，培养学生的团结、合作、协作和创新意识。

合作学习可以充分发挥学生的主体作用，把课堂归还给学生，让学生真正成为课堂的主人，让学生主动获取知识的教学方式，激发学生学习物理的兴趣，培养学生的发散思维，提高学生的学习技能。目的是让每个学生有效地参与到学习活动中来，与其他学生一起合作学习，通过多种方法让参与者均等地投入到学习状态中，促进学生良好的人际关系和发散思维的发展。

为了更好地在合作学习中发挥学生的主体作用，应做好以下几点：

1. 更新观念、找对方法

首先要确立学生是课堂学习的主体地位，教师必须引导学生积极参与学习活动，确立合作意识，组织学生进行交流和合作，营造课堂情景让学生进行讨论，说出自己的看法，让学生动手去做，去尝试，教师适时点拨，引导学生找出解决问题的方法。

2. 创设情景，营造民主和谐的合作氛围

构建和谐、民主、平等的师生关系，拉近师生距离，学生才能做到信其师，信其道，学生才会在课堂中配合老师，才能最大效能地发挥教师的引导和学生的主体功能，教师热爱学生，多鼓励表扬，以增强学生的信心，这样，才能使合作活动更有实效。对比较容易的问题，先让学生回答，鼓励他们说出自己的想法，只要敢说，都要用不同的方式给予鼓励，如果需要补充或更正的可以由同组的同学再回答，然后再加以引导，找出正确答案。

3. 要发挥学生的主体作用

教师要在学习活动中多为学生搭建善思的平台，提供自我展示的机会。例如，物理《升华和凝华》这节课，可以围绕新教材学习目标，教师可以创设魔术情景：请同学观察老师演示液态二氧化碳灭火器，你看到什么？如果老师用布袋装一个铝筒，然后按下开关，你想一想，老师这个筒会有了什么呢？通过实验引入，立即激发学生学习本节课的兴趣和积极性，这样，学生对自然界与社会中的物理现象产生了好奇心，使学生感到生活中处处有物理。要鼓励学生对问题提出有依据的猜想，积极引导学生思考，踊跃发表自己的观点，尝试从不同的角度去寻求解决问题的方法，最后在老师的引导下围绕猜想进行实验方案设计，体验到解决问题策略的多样性。另一方面在解决问题的过程中，引导学生学会与他人合作，分组开展分析与交流、设计与实验、总结与反思等环节，通过师生互动，生生互动，在互动中获得知识经验，再由各小组代表进行汇报，最后引导学生得出实验结论，这样做的目的是培养学生求异思维与创新精神。

第三章 小组合作学习活动的实施策略

第一节 合作学习的必要性

随着我国新一轮新课程改革和教育水平飞速发展，我国教育更加注重对学生知识技能和情感态度及价值观的培养，而当前基础教育恰恰忽视了学生相关的知识水平的提升，这与提高学生综合素质的要求相违背。此外，在基础教学过程中很多老师还采用传统的教学方法，如满堂灌等，不考虑学生的认识水平、需求等因素，导致学生失去对物理课的兴趣，这种教学方式已经不能满足现代社会对人才的需求。

合作学习是以学生为中心，教师为主导，构建“学习联盟”，注重知识的建构，双向交流。学生主动积极参与，注重人际关系，尊重个人看法及他人意见，强调知识与过程、方法与技能和分析与结果的重要性，激发学生的创造力和想象力。合作学习的主要目的是使生生、师生之间在开展合作学习的过程中学生创造性、积极性、主动性的能力提升，培养学生学习的兴趣。

在同一个班级中，即使学生的年龄相似，但是因为每个学生的学习习惯、学习基础、智力水平不同，因此在课堂上学生接受知识的能力也是不同的。原来“一刀切”“灌输式”的教学模式存在着一定的弊端，那就是不能照顾到每个学生，容易导致学生没有信心，对学习物理失去兴趣，从而导致教学效率、教学质量不能得到明显的提高。那么，如何提高教学的效率，促进所有学生的物理成绩、物理素养都能得到提升呢？

合作学习主要是指在学习活动中，学生以团队或者小组的形式，来对相关的学习任务共同学习，各个小组成员之间是相互合作、相互帮助的关系。通过合作学习，能够使学生的自学能力、探索能力、沟通能力和协作能力得到良好的锻炼。将合作学习的教学方法应用于初中物理教学中，对学生综合能力的提高都具有非常重要的作用，鉴于此，我们物理课堂中开展小组合作学习的方式进行教学也就很有必要性。

第二节　合作学习基本策略

合作学习的方式有很多，最为常用的形式是小组合作学习，主要以小组合作学习为例，说明合作学习的操作策略。

1. 构建合理小组是合作学习的前提

合作学习的分组一般采取组内异质、组间同质的原则，即在小组内的学生是有一定的差异的，而在班级的小组之间基本上是相似的。

2. 注重培养学生的合作态度和技巧

学生是否具有良好的合作态度和技巧，是关系到小组合作学习是否能顺利进行的关键，在小组合作学习中占据非常重要的地位。因此，教师要注重对学生合作态度和技能的培养。在合作学习中学生应具备的合作态度和技能是：认清合作的重要性，积极主动，勤于思考；团结协助，优势互补，主动学习，专心倾听别人发表意见等；勇于发言和质疑，并说明质疑的理由；合作策略的技能，如会选择适当的合作策略，恰当地分工，优化组合。总之合作学习的态度和技能的培养是一个长期的过程，教师在小组合作学习中应该有意识地培养学生这方面的态度和能力。

3. 小组合作学习的评价

为了提高物理课堂效率，教师应加强对合作学习效果的评价，可以通过自评、他评和师评等形式进行。在评价中着重以下几个方面：小组活动的成员参与情况、小组活动的互帮情况、组员的完成情况、活动成果的展示情况、对小组成员或其他小组意见的修正和补充、与组员合作情况、组员学习的效果等方面进行。

第三节　合作学习内容选题要具有合理性

要想使参与、合作、探究的理念落在实处，就必须探索出一种新的教学模式，用新的教学模式来引领教学。为此，探索合作学习的策略和方法，如何解决合作学习中的存在问题，优化这种学习方式，有效提高课堂教学，是我们的研究必须解决的问题。

改变传统的教学模式，深入挖掘教材内容。小组合作学习是新课程倡导的学习方式，但并不是所有的内容都适合合作学习，不是每节课都要搞，也并非所有的教学任务都要通过合作学习活动才能完成。班级教学、个人学习仍有着合作学习不可替代的独特地位和作用。那么，新课程教材中的哪些内容适合采用合作探究，哪些内容能够充分发挥学生的主观能动性？这也同样是我们要研究和解决的问题。

切实解决学生学习中的知识需求与心理需求。自主合作学习必须建立在学生知识需求与心理需求基础之上。在自主合作学习中，教师十分重要的任务就是培养和激发学生的合作欲望，使其处于一种合作的冲动之中，培养学生的合作情感。近年来，笔者在听课的过程中发现，学生由于基础较差，在课堂上主动发表自己观点和见解的意识欠缺，在学习上的合作意识更为薄弱。课堂上常常出现这样的情景：老师提出问题，让学生合作讨论，但无人举手回答老师问题；有些学困生想回答，但看到老师的目光只盯着学习好的学生，便放弃了回答问题的念头。看到这样的情景，笔者很痛心。这些使我认识到，如果我们的老师能放弃偏见，实现真正意义上的合作学习，真正满足学生对知识的需求，满足学生的心理需求，我们的课堂不就充满生机与活力了吗？所以，我们研究的问题将围绕如何切实解决学生学习中的知识需求与心理需求展开，让每个学生都能参与、探究，主动参与到学习中，满足每个学生的知识需求和心理需求。

一、课堂小组合作学习内容的确定

大多数物理原理和规律都适宜采用小组合作探究的方式学习。课堂上用于小组合作学习的内容可从以下四个方面确定：

1. 基于学生最近发展区

学生是小组合作学习的主体，探究内容如果偏离了学生学情，脱离了学生关注并感兴趣的问题，合作探究的效果将大打折扣，为此，笔者认为小组合作学习的内容应从学生的实际出发，新授课内容与学生的原有认知、学生的生活实际和社会问题相联系，激发学生的学习兴趣。

例如，我们在和学生一起学习《升华和凝华》这节内容时，可以安排“萘霜”的演示实验，透过新奇实验现象的观察，学生的好奇心被有效激发，在此基础上笔者顺学而导，抛出小组合作学习的课题“如何制作冰霜?”。这样一个合作探究内容立足于学生清楚了“霜是水蒸气凝华而成”这知识的基础上，不过由学生独立思考“霜形成的条件”并完成“霜”的制作有困难，但采用小组合作探究的模式可以解决这个问题，学生可以在相互讨论的过程中思维碰撞，认知从破到立，兴趣和求知欲望维持在高水平，促进小组合作探究深入地开展。

2. 从教材内容与教材内容拓展的角度确定探究合作内容

小组合作学习是基于当前班级授课模式的一种课堂组织形式，教材是最为重要的知识载体。所以，小组合作探究的内容应该首先从教材出发，不过不是将教材的内容简单地搬运，而应该从教学目标出发将教材的内容有机地糅合、重组，根据需要进行删减、拓展和补充，基于教材，创造性使用教材。

课内合作探究内容首先应该从教材所呈现的内容中选择。课内探究内容的选择不仅要从教材内容中选择，还要注意扩大探究的视野，从拓展教材内容的角度，挖掘选择的途径。新课程标准的教学观，教材由专制走向民主，由封闭走向开放，由专家研制走向教师开发，由学科内容走向学生经验。教材不只是文本知识（教学计划、教学大纲、教科书等），而更是体验课程（被教师与学生实实在在体验到、感受到、领悟到的课程）。这也意味着教材的内容和意义在本质上对所有的人并不完全相同，在特定的教育环境中，每一位教师和学生对给定的教学内容都有其自身的理解，对给定内容的意义都有其自身的解读，从而对给定内容不断进行变革与创新，以使给定内容不断转化为自己的教材。因此，教师应在解读教材内容的过程中，创生并挖掘课内合作探究的内容。

3. 从学生学习兴趣的角度确定探究内容

探究的内容应关注学生的问题，要注意了解学生关注和感兴趣的问题是什么，联系学生生活和社会实际思考课内探究的内容。例如在讲到“升华和凝华”时，做了一个“萘霜”演示实验（将萘敲碎后放入试管，再在试管中放入一些枯树枝，使其一端放在试管内，一端露出试管口，然后将试管放入 70 ℃至 80 ℃的热水中加热 15 分钟左右，停止加热 3 至 5 分钟，从试管中抽出树枝，就可以看到枯树枝上的“萘霜”），学生对此现象特别好奇，于是老师确定了一个“怎样制作冰霜”的探究课题让学生探究。尽管学生知道霜是水蒸气凝华而成，但要学生自己想出办法创造霜形成的条件制成霜，多数学生有困难。

正是这种理论与实践的差异，形成学生认知上的冲突，激起学生的兴趣和求知欲望。通过交流不仅使学生深刻理解升华和凝华的条件，还让学生认识到，能否在杯子的外壁看到霜，条件是杯壁的温度能否下降到 0 ℃以下，而杯子外壁下降的温度与杯子里冰块的温度、与杯子的传热性能有关。接着教师又出了一道探究试题，让学生运用自己所学知识解决生活现象，展开小组合作学习，体现从生活走向物理，从物理走向社会的教育理念。

例如，我们在和学生探究“动能大小与质量和速度的关系”时，教学可以不直接告知学生动能的大小会与物体的质量和物体运动的速度有关，而是以“活动”的形式给学生进行内容的设置。教师给出一些相关交通事故的场景，让学生分析动能的大小，继而要求他们进行猜想：动能的大小可能与哪些因素有关？并要求他们在进行合作讨论、验证猜想的实验方案后，进行展示，相互交流活动的方案，如在活动中怎样比较动能的大小、如何控制变量、实验中有哪些值得注意的问题。在师生讨论交流形成共识后再按要求进行小组合作探究，观察并记录实验的现象，最终归纳得出结论。通过探究、合作交流，既能让学生学得了新的知识，思维得到发展，又能培养进行合作探究的能力。

4. 从实现新课程提出三维目标的角度确定探究内容

在新课程提出的知识与技能、过程与方法、情感态度与价值观三维目标中，过程与方法起到承上启下的作用。知识与技能是过程与方法的载体，方法不是针对某一具体事物的，它是从许多同类事物中概括出来的。方法的存在依赖于具体的事物，如果没有具体知识的支撑而空谈方法，这些方法只能是空洞的条文。过程是一种体验，现代心理学家童庆炳曾说过，在体验世界里，一切客体都是生命化的，都充满着生命的意蕴和情调。体验具有过程性、亲历性和不可传授性，是充满个性和创造性的过程。体验追求的是意义建构和心灵的冲动、情感的融入，直觉使体验达到了“意义世界”和“价值世界”，形成了个体的态度、个性和信仰。也就是说，情感、态度和价值观是体验过程中潜移默化的产物。可见教师在思考课内合作探究内容时，还应在过程与方法的教学目标中有机地结合知识与技能的目标，渗透情感、态度和价值观目标，选择合适的课题开展合作探究教学。

例如，在和学生探究“测量”时，笔者设置具体的任务和问题，引导学生在小组合作学习过程中掌握测量的方法。

任务一：请大家借助于手边的刻度尺测量出文具盒内各个学习用品的长度；

引出问题一：怎么知道20比3长？（让学生感知引入单位的必要性）

任务二：如果没有刻度尺，请举例如何比较物体的长度；

引出问题二：单位是怎样形成的？

任务三：如何估测物体的长度？

任务四：如何选择测量工具？

任务五：给定物体，请用刻度尺进行长度的测量。（渗透测量时的注意事项）

整节课，从一开始，让各个学习小组的学生自主进行测量，通过对学生所测数据的多层次分析，掌握测量的方法及读数规律，在学生原有知识结构上深化学习内容。学生在后续的任务完成中，习得了单位的意义、单位间的换算、估测方法，在实践中学会了如何选择测量工具，亲身体验了测量过程，自然对应注意的相关事项有了更深入的了解。

5. **从探究环节的角度确定探究内容**

物理课程标准提出了科学探究的七个要素，“提出问题、猜想与假设、制定计划与设计实验、进行实验与收集证据、分析与论证、评估、交流与合作”的过程是按探究的一般过程来设计的。在具体的实施过程中，它既是系统的又是灵活的，其系统性在于可以开展一系列活动，而其灵活性在于活动可以增减、替换，活动的顺序可以变换。教师应根据探究的要求灵活掌握，即在具体的探究活动中，可以包括上述的各个环节，也可以侧重其中的一个或几个环节。无论是全部还是侧重一个或几个环节，都应有具体的培养探究能力的目标。因此，我们还可以从探究环节、培养探究能力的角度，思考课内合作探究的内容。

例如，我们在和学生上《连接串、并联电路》时，由于本课是操作性实验课，我们可以结合教材中的内容进行深挖，将这部分内容改为小组实验探究，从实践效果上来看，这种教学做法一改传统的模仿操作的实验做法，完全放手让学生进行小组探究，整个过程学生有猜想、有主见、有期望，所有的猜想又都通过实验观察的方式得以证实，自主探究总结出电路几种不同的连接方式及其特点，有效提高了学生电路连接的操作技能。

课堂是师生、生生之间交流思维的场所，更重要的是在相互交流的过程中，学生能够充分表达自己的观点。在合作交流过程中，他们能相互学习到对方好的思维方法，学会从多角度去对问题进行分析，学会多种解决问题的方法，从而使不同层次的学生均能得到相应的发展。

二、小组合作学习活动的设计

课堂小组合作学习活动设计要为学生的自主学习、合作学习和探究学习创造机会，使课堂教学不仅成为学生学会知识的过程，还成为学生形成科学合理的学习方式的训练基地。

1. **小组合作学习活动的目标确定**

目标是小组合作学习的出发点和归宿，也是整个初中物理教学的灵魂和核心。目标决定着小组合作学习活动的走向，活动中的每个环节都必须指向目标。如果目标不明晰，整个小组合作学习活动也就失去了依据，最终也将使有效教学成为不可能。另外，学习物理的主要目的是培养学生的科学素养，而任何科学活动均是在一定目标指导下的活动，没有清晰的、可依据的教学目标，学生在探究活动中就不能建立起关于科学的清晰图像，也就不能真正明白科学的本质和价值，科学情感态度的培养也无从谈起。

2. 根据不同课型设计小组合作学习活动的类型

（1）概念和规律教学。

教师在课堂教学中，开展建立某种概念和规律探究活动是十分必要的。教师只有在基本概念和规律的教学中有计划、有目的地选择合适的内容采用小组合作学习的方式组织教学，才能使学生的认知更趋于合理和完善。教师在设计教学活动时，要特别注意了解学生的前概念（指学生在学习物理知识之前，由于日常生活经验的积累，对自然界中的有关现象形成了自己的观点和认识）。当前概念与科学概念一致时，这些“非正式”知识就成为学生进一步深入理解的基础；当前概念与科学概念不一致时，就会干扰学生对科学概念的学习。

（2）观察和实验教学。

观察可以促使学生发现问题，深入思考，发展探究的能力。日常生活中，学生常常对许多现象熟视无睹，不能引发他们发现和提出问题，原因是教师缺少对探究活动的精心设计，或者是很少给学生以观察发现问题的机会，从而形成思维的惰性。如何设计适合小组合作的观察性探究活动?

用“看一看，想一想，做一做”的模式，给学生较大观察思考空间，通过相互交流，使学生发现自己没有想到和看到的问题，继而进行探究。在对某些现象运用知识进行解释后，进一步引导学生改变实验条件再观察现象（如：改变杯中水的深度，改变筷子插入水的倾斜程度），可以让学生进行更深入的探究。这样的设计使一个看似简单的活动变为一个不简单的研究课题，学生在过程中发现问题并掌握解决问题的方法，从而得到创造性教育。在分组实验中，更是需要很好地发挥小组合作学习的作用。

（3）习题与复习教学。

课题研究发现，小组合作学习方式教学活动的优越性可以体现初中物理课堂教学的各种课型上。概念、规律的新授课、复习课和习题课都要尝试运用小组合作学习模式。

第四节　合作学习教学设计

一、合理创设的学习情景

小组合作学习方式下的物理学习学生是主体，但是学习内容呈现的情境优劣将决定学习的质量，通过学习情景的设置能够调动学生的探究兴趣，促进小组交流和讨论。

1. **提供素材，创设情境**

提供探究的素材是“导师制”探究式教学的一个环节，目的在于让学生清晰地看到学习活动的目标在哪里。具体的初中物理学科的情境设置应该结合教学内容和学生的具体学情，情境、素材和问题都应该是真实的，借助于新的问题情境打破学生原有的思维，继而激发学生的探究欲望，提出探究的问题，设计探究方案。而且能够提高学生有意识去观察生活、思考问题的习惯。

例如，和学生一起探究“液化”这一知识内容时，笔者没有直接和学生进行灌输，而是布置了学生观察任务，要求学生回到家观察“从冰箱里刚刚拿出的饮料瓶外有水珠”“烧开水时，壶嘴往外喷的‘白气’”，提出思考题：为什么要离开壶嘴一段距离才看到“白气”？引导学生带着问题去观察生活中的现象，保证了探究的针对性，提高教学的效果。

生活中的探究素材是很丰富的，例如：“气球”就可以作为探究素材引导学生进行如下思考：我们将一气球充气后，（1）用手指压为何会变形？（2）用手掌摩擦气球表面为什么能听到声音？（3）放手释放后气球为何上浮？（4）将开口解开，松手后为什么会快速向前飞出？（5）放在烈日的照射下，为何其体积会进一步变大？等等，通过这些问题的引导，学生有意识地观察，观察能力、提出问题的能力都会得到有效的提高，这些都是创新的基础。

2. 创设情景，提出问题

问题性情景分为矛盾对立型、迷惑型、出乎意料型、潜在型问题情景，问题性情景将探究方向隐喻于情景或实验现象之中，学生透过情景，自然萌生出要积极探究的欲望。

例如，“沸腾”这一物理概念的教学，烧开水这个生活中常见的现象缩小到实验室，学生兴趣度很高，我们可以让学生自主完成沸腾分组实验时，通过对烧水过程的观察，要求学生根据实验观察的结果来自主设置问题。让学生从实验出发，想一想在实验过程中要关注什么问题。

放手后，收集学生提出的问题，有如下几个：

（1）水被加热前有无气泡？

（2）实验过程中，温度计的使用要注意哪几个方面？

（3）在加热的过程中，气泡的位置有没有发生变化，如果发生了变化，气泡的大小和剧烈程度有什么不同？

（4）温度计测量水的温度在加热过程中是如何变化的？

二、科学处理学生的猜想

猜想是物理知识探究重要的一环，结合初中物理知识学习，猜想有：观察猜想、类比猜想、归纳猜想、直觉猜想、逆向猜想等。

在具体的探究过程中，猜想不仅能使探究者明确探究方向，有目的、有计划组织探究，而且它还是科学结论的先导，如果猜想与假设一旦得到实验结果的支持，它就可能成为科学结论。在科学探究的教学中，如果这一步不认真实施，学生就必然缺少必要的情感体验，其后的动手实验便成了没有灵魂、没有情感的机械操作，得出的是生硬的结论，科学探究也就失去了原有的味道。然而，当我们真的在探究中放手让学生猜想时，猜想的结果往往出乎教师的意料，使教师精心准备的教学过程被打乱，于是部分教师对科学探究心存畏惧。可见，处理好学生猜想中的“异常”是实施合作探究教学活动中值得关注的问题。合作探究猜想环节中，学生的猜想“异常”表现为两种情况，一是学生猜想的因素不完整或出现了“伪因素”；二是学生猜想的因素出现多余因素。

1. 学生猜想不全或存在“伪因素”处理策略

一个学生的猜想因素未必能够做到全面，小组合作学习模式下，小组内部通过交流和讨论可以提高猜想的全面性。当学生猜想的因素中出现“伪因素”时，可以通过在小组内部通过理论推导或是实验探究的方式来进行排除，不管是什么样的猜想，都是学生积极思考的结果，要真正实施合作探究教学，就不能忽视证伪这个探究环节。

例如，在和学生探究“滑轮组的机械效率与哪些因素有关”时，首先引导学生猜想，在实践中学生会根据自己的经验猜想滑轮组的机械效率与拉绳头的速度可能有关。为了验证这个问题，可以引导学生以学习小组为单位设计实验进行验证和探究：“用同一个滑轮组以不同的速度匀速提升同一个重物”。通过实验的方式证伪：滑轮组的机械效率与提升物体的速度大小无关。

小组合作学习方式，就猜想这一环节集思广益，会有很多的“因素”被讨论和聚集，学生的猜想因素中可能出现教材中不需要探究的真因素时，教师应慎重处理。

（1）过于复杂，学生不具备探究能力。例如，在和学生一起探究“电磁铁磁性强弱与什么因素有关”时，“铁芯材料、粗细和线圈绕制的疏密程度”这些在初中阶段，学生的电磁学基础还不完备，因而不好进行研究；

（2）受限于实验条件，无法在课堂上进行探究。例如，液体蒸发的快慢与空气湿度有关，课堂尚不具备探究条件，可以建议学生借助于自然条件，如晴天和阴天进行对比研究；

对于这些真因素，我们教师要介入到小组合作学习之中，直接告诉学生我们研究的问题确实与这些因素有关，只不过因为我们初中物理在这些问题上探究的条件还不成熟，课堂上不进行探究。

合作学习案例1：

《探究欧姆定律》教学设计

<table>
<tr><td colspan="3" rowspan="2">课题：探究欧姆定律</td><td></td></tr>
<tr><td>设计者</td></tr>
<tr><td rowspan="6">教学分析</td><td rowspan="2">教学目标</td><td colspan="2">课标要求：
1. 使学生学会同时使用电压表和电流表测量一段导体两端的电压和其中的电流。
2. 通过实验探究电流、电压和电阻的关系。
3. 会用滑动变阻器改变部分电路两端的电压。</td></tr>
<tr><td colspan="2">新课标的细化要求：让学生经历科学探究的全过程，进一步熟悉“控制变量法”，学会科学分析处理实验数据的方法。</td></tr>
<tr><td rowspan="2">重点、难点</td><td>教学重点</td><td>从创设的情境中提出问题，设计问题的方案。掌握电路连接、电表使用等实验技能。</td></tr>
<tr><td>教学难点</td><td>如何用实验的方法研究导体中电流跟电压电阻的关系。</td></tr>
<tr><td>学情分析</td><td colspan="2">主要分析学生认知水平，可能存在的学习困难。</td></tr>
<tr><td>教学资源</td><td colspan="2">教师：电脑课件。
学生：学生电源、电流表、电压表、不同阻值的定电阻、滑动变阻器、开关、导线。</td></tr>
<tr><td rowspan="2">设计思想</td><td>教学主线设计</td><td colspan="2">通过片段引入电流大小与哪些因素有关，引出学生对这个问题的猜想，引导学生进行探究设计。学生通过讨论后，再进行实验。</td></tr>
<tr><td>教学媒体设计</td><td colspan="2">通过电影片段问题创设情况，激发学生探究实验的兴趣。</td></tr>
</table>

续表

	老师活动	学生活动	设计意图
教学过程	**一、创设情景，提出问题** 片段1：播放多媒体课件，放一段优美的音乐，教师调节声音的强弱，请同学们注意观察教师是通过什么方法改变声音的强弱的。 片段2：播放不同电压小灯泡的亮度引导学生猜想与假设电流大小与电压有关。	学生进行观察片段场景，并进行讨论，绝大多数学生都顺利地提出了电流大小与哪些因素有关的问题。	学生对片段1和片段2情景都有了感性的认识和生活的体会，通过观察片段，把抽象知识通过片段的具体形式表示出来，使学生更加容易对问题进行猜想。
教学过程	**二、创设情景，引导学生猜想与假设** 学生通过欣赏片段1和片段2，让学生发现在电压不变时，通过改变电阻来改变电流的大小，从而改变声音的强弱和电阻一定下通过改变电压，发现的灯泡的亮度不一样，引导学生猜想：电流的变化可能与哪些因素有关。	[**学生猜想**] 猜想1：“电流大小可能与电压有关，可能是电压越大，电流越大。” 猜想2：“电流大小也可能与电阻有关，可能是电阻越小，电流越大。”	利用电影片段来激发学生兴趣，并通过播放片段熟悉直观现象引导学生思考。不论对错，教师都应认真对待，但应该注意：猜想不是瞎猜、乱猜，不是公式越多越好，应该引导学生在原有知识的基础上有根据，符合逻辑进行猜想。

续表

	老师活动	学生活动	设计意图
	三、探究活动 教师引导学生回忆电阻大小与什么因素有关的探究实验，是采用了什么研究方法，从而让学生能更好地引导出研究电流与什么因素有关实验是采用了什么探究方法。 教师引导学生认识到为了使问题更加符合探究科学方法，应怎样做？ 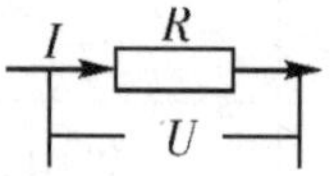 教师：在研究电流与电压的关系时，如何改变定值电阻两端的电压？引导讨论：怎样能方便的改变电阻两端的电压？ 教师先让学生进行讨论，请同学们设计出后面一种方法的电路图。（展示某一组的电路图，并由学生讲出他们小组的设计理念，学生在原有电路图基础上修改设计出实验电路图。）	本节课我们也要用“控制变量法”分别研究电流与电压和电阻的关系。 （1）先研究电阻不变，电流与电压之间的关系；（2）再研究电压不变、电流与电阻的关系。 [**实验探究一**] 研究电阻不变，电流与电压之间的关系。 [**学生讨论交流**] 可以通过改变电池组个数来改变定值电阻两端的电压；也可以用串联滑动变阻器，改变滑动变阻器的阻值，来改变电路中电流，从而改变定值电阻两端的电压。后一种方法简单可行。 [**学生分组讨论**] ①学生设计，教师巡视。②以小组为单位互相交流，确定最佳设计。③教师选择几组阐述设计思想。④师生共同探讨各组设计的优缺点，补充整合，确定最佳电路图。⑤学生按组合作拟订实验。 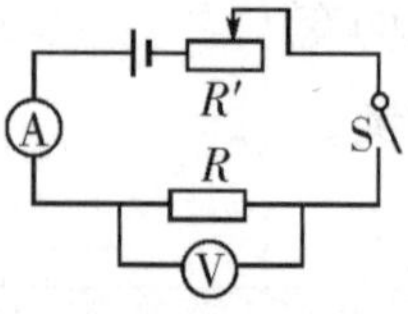	设计实验部分是一个难点，教师要进行引导，不要轻易否定学生的想法，在课件设计过程中，教师可以提出启发性的问题，让学生自我发现问题。

续表

	老师活动	学生活动	设计意图
	教师引导学生连接实验电路的过程中我们应该注意哪些问题？ ［**进行实验**］ 实验探究一： 下面由学生自己探究实验，**先保持电阻不变，研究电流大小与电压的关系**，并要设计好实验表格。 实验探究二： **保持电压不变，研究电流大小与电阻的关系**。根据实验结果分析讨论后得出结论。 ［**分析与论证**］ （完成快的小组，派代表上来展示他们的数据，并进行点评、分析。） 教师指导学生按照刚才所设计的电路实验进行实物连接并进行数据记录，小组同学讨论、分析数据，有什么新的发现？得出什么规律？实验结论与当初的猜想相符吗？ 教师：如何改变电阻 R？如何控制定值电阻 R 两端电压不变？ 教师：你们发现什么？ 教师引导把刚才得出的两个结论，如何用最简单的文字概括出来。（采用小组竞赛的办法来进行。）	改变定值电阻大小，继续进行测量，并思考其规律。 ［**实验探究二**］ 研究电压不变，电流与电阻之间的关系。 ［**学生讨论交流**］ 生：断开开关，分别接5 Ω、10 Ω 和 15 Ω 的电阻。 生：移动滑动变阻器，控制 R 两端电压不变，分别读出三次的电流，记录表中。 生：在 R 两端电压一定时，通过 R 的电流与它的电阻成反比。 ［**学生讨论后回答**］ （1）学生积极讨论、分别回答有关探究实验应注意的回答。 （2）小组讨论、达成共识后，完成设计实验表格，并进行实验，填写数据，分析数据，找出规律。	教师要积极引导、鼓励学生提出在做实验时应注意的问题，老师要及时给与表扬，避免挫伤学生探究的积极性。 学生勇跃发表自己小组在分析数据所发现的问题、得出的总结，课堂气氛活跃，效果好。

续表

<table>
<tr><th></th><th>老师活动</th><th>学生活动</th><th>设计意图</th></tr>
<tr><td></td><td>老师及时对学生介绍欧姆科学家为了探究欧姆定律这个真理，进行长达十多年的实验探究，要学生学习欧姆科学家那种坚持不懈、勇于探究的精神。

［交流与评估］
你认为自己的实验成功与否？原因在哪里？如何改进？你对其他小组的实验数据有何看法？</td><td><table><tr><td>次数</td><td>电阻 R/Ω</td><td>电压 U/V</td><td>电流 I/A</td></tr><tr><td>1</td><td></td><td></td><td></td></tr><tr><td>2</td><td></td><td></td><td></td></tr><tr><td>3</td><td></td><td></td><td></td></tr></table>［学生讨论］
生：在电压一定时，电流与电阻成反比。
生：学生在分别分析三个定值电阻所测的电流、电压的数据后，找出在电阻一定时，电流与电压成正比。
生：发现了 $I=U/R$。
生：发现了 $U=IR$。
生：发现了 $R=U/I$。
……
导体中的电流，跟这段导体两端的电压成正比，跟这段导体的电阻成反比，叫做欧姆定律。
公式：$I=U/R$
学生纷纷表态以后在学习要更加刻苦、勇于探究。

生 1：我认为我自己小组在做这次探究实验是比较成功，我认为第 5 小组实验数据的误差较大。原因是我们这个小组在改变电压时，采用了整数倍，而他们采用了小数。
生 2：……</td><td>采用小组竞赛的办法对刚才的实验结论进行综合概括，可以进一步调动学生参与热情，把整节课气氛推到高潮。
对学生进行向科学家学习那种坚持不懈的科学探究精神的教育。

通过相互交流与评估，让学生更加懂得在实验探究应该注意的事项及分享自己实验成功的喜悦。</td></tr>
</table>

续表

	老师活动	学生活动	设计意图
教学反思	略		

教学流程

创设情景　引入新课

⇩

实验情景　提出问题

⇩

分组讨论　进行猜想

⇩

设计实验　学生实验

⇩

探究实验 1：电阻一定时，电流与电压的关系

⇩

探究实验 2：电压一定时，电流与电阻的关系

⇩

分析实验　得出结论

⇩

知识拓展　挖掘潜力

小组合作学习案例2：《能源》

一、学考要求

1. 课标要求

（1）了解什么是能源；知道什么是一次能源、二次能源，并能说出哪些能源属于一次能源，哪些能源属于二次能源。

（2）了解主要能源的利用方法。

（3）通过阅读材料、相互交流，认识能源与人类生活的关系。

2. 考纲要求

主题	内容	要求
能源与可持续发展	能源、一次能源、二次能源	了解

相关知识常出现在选择题、填空题、综合能力题中，如佛山中考试卷2013年第23题、2012选择题第6题、2011年第25题、2010年第25题。一次能源和二次能源多数情况下是单独命题（以选择题考查），有时也可与能量的转化和守恒定律综合考查，试题难度不大。

二、教材分析

1. 教材内容概述

能源是物理学中一个非常重要的概念，本节通过投影展示三峡水电站通过生活中的实例，介绍人类利用能源的历程，即从柴薪到煤、石油等化石能源，再到电能及新能源，并按获取方式对能源进行分类，一次能源、二次能源等。为学习后面几节内容打下基础，教会学生阅读相关科普文章，引导学生通过课前查找资料、课堂交流的方式，了解生产和生活中能源的利用情况，引导学生关注社会，关注人类发展。

2. 教学侧重点

能源以及能源的种类。

3. 教学难点

一次能源与二次能源的辨别。

4. **延伸知识**

地热：地球内部的放射性元素不断地进行着热核反应，具有非常高的温度，估计地球中心的温度达到6 000 ℃。高温的热量透过厚厚的地层，时刻向太空释放，这种“大地热流”产生的能量，称为地热能。地热能约为全球煤热能的1.7亿倍。地热资源有两种：一种是地下蒸汽或地热水（温泉）；另一种是地下干热岩体的热能。按照地热资源的分布，世界著名的地热带有：环太平洋地热带、大西洋中脊地热带、地中海—喜马拉雅地热带、中亚地热带、红海—亚丁湾—东非大裂谷地热带。

三、教法示例

（一）能源

教法一：自主学习法、小组合作学习法

1. 请学生阅读人教版（本书所涉课本版本均为人教版）九年级课本第166页（第二十二章第1节）三峡水电站发电图，思考长江三峡水电站发电的过程发生了哪些能量的转化过程。

小组讨论，讨论后总结再举手回答。通过生活中的实例，让学生感知、思考，产生学习兴趣。联系生产和生活的实际，让学生了解能源与人类生存和发展的关系。

生：（1）大坝拦截住长江水，使上游水位上升，增加水的势能。

（2）水向下流，推动水轮机转动。

（3）发动机在水轮机的带动下旋转，依据电磁感应原理发电。

教法二：问题情景法

1. 观察生活和生产中如图3-4-1、3-4-2、3-4-3、3-4-4几种情景，你总结出我们的日常生活和生产都需要哪些能源？

图3-4-1　烧饭

图3-4-2　烧水

图3-4-3　汽车

图3-4-4　照明

生 A：烧饭需要木柴。

生 B：烧水需要煤。

生 C：汽车需要汽油（或柴油）。

生 D：照明需要电。

2. 通过上述例子你知道什么叫能源吗？

能够提供热、光、机械能和电能等各种形式的能量来源就叫能源。

（二）人类利用能源的历程

教法一：自主学习法

请同学们阅读课本第 166 ~ 167 页第 3 段至第 7 段，并完成投影幕上 PPT 的问题：①第一次能源革命是________；②从自然火到利用人工火的转变，开启了以________作为主要能源的时代；③________的发明是人类利用能量的新里程碑；④化石能源有________、__________、________；⑤____________________叫一次能源；⑥____叫二次能源。

教法二：小组合作学习法

1. 展示图片：如图 3-4-5 钻木取火——人类最早的“技术革命”。

老师讲解：钻木取火使人类实现了从利用自然火到利用人工火的转变，开启了人类以柴薪为主要能源的时代。

图 3-4-5　钻木取火

2. 展示图片如图 3-4-6：砍伐森林。

老师讲解：柴薪主要通过砍伐森林获得，现在，大面积砍伐森林会严重破坏地球的生态平衡。同时，由于燃烧柴薪获取能量的效率较低，人类需要开发其他的能源。

3. 展示图片 3-4-7：行驶中的蒸汽机火车。

老师讲解：蒸汽机的发明令人类成功地将燃烧获取的内能转化为机械能。实现了以机械动力大规模代替人力和畜力的新时代，人类的主要能源也从柴薪转化为热值更高的煤。

图 3-4-6　砍伐林林

图 3-4-7　蒸汽机的利用

教法三：自主学习法、分组讨论法

1. 为了让学生更深刻地了解人类利用能源的历程，将班上的学生分成不同的小组，分别搜集不同时代人类利用的主要能源（第一组负责搜集由柴薪到煤炭，第二组负责电能，第三小组负责新能源）。

2. 展示一：第一小组介绍人类从利用能源的起始阶段，即柴薪时代到煤炭取代柴薪成为主要能源的转折。

（1）提出问题：在以柴薪为主要能源的一段漫长岁月里，人类逐步学会了使用畜力、风力驱动车船，取得了进步，这些过程伴随着什么能量转化？

（2）让学生观看视频人类利用化石能源的事例。

让学生了解人类利用能源史上两次划时代性革命转折，即煤炭代替柴薪成为主要能源，石油取代煤炭而居主导，创造了世界经济奇迹。

3. 展示二：第二组代表介绍人类利用电能的历程。

（1）提出问题：生活中常见的家用电器所涉及的能量转化有哪些？

（2）观看各种家用电器工作的视频。

图 3-4-8

图 3-4-9

图 3-4-10

图 3-4-11

4. 展示三：第三组代表介绍核能与太阳能等新能源在现实生活中的应用。

生：电能的利用。

（1）供照明；

(2) 供电磁炉类用电器产生热；

(3) 供电风扇转动；

(4) 供电脑工作。

教法四：自主学习法、合作学习法

请同学们阅读课本第 167 页第 4 段，并完成以下问题：

1. 电能是一次能源还是二次能源？它由什么能量转化而来的？

生：电能不是一次能源，它是由其他形式的能经过转化而来的。

2. 你能说出有哪些能可以转化为电能？

水力发电：水的机械能转化为电能；风力发电：空气的机械能转化为电能；热电站：燃料的化学能转化为电能。

3. 为什么大部地方主要使用电能，而不是直接使用一次能源？

生：电能便于输送和转化。

4. 引导学生思考：引导学生从能源的获取方式上，即是从自然界直接获取还是经过消耗其他能源转化而得到，来将能源分类。从而引出一次能源，二次能源。

一次能源：像化石能源这样可以直接从自然界获取的能源。风能、水能、太阳能、地热能以及核能等均属于一次能源。

四、21 世纪的能源趋势

教法一：读书指导法、讲授法

1. 阅读：引导学生阅读课本第 168 页第 1 段并看图 3-4-12，了解当今世界范

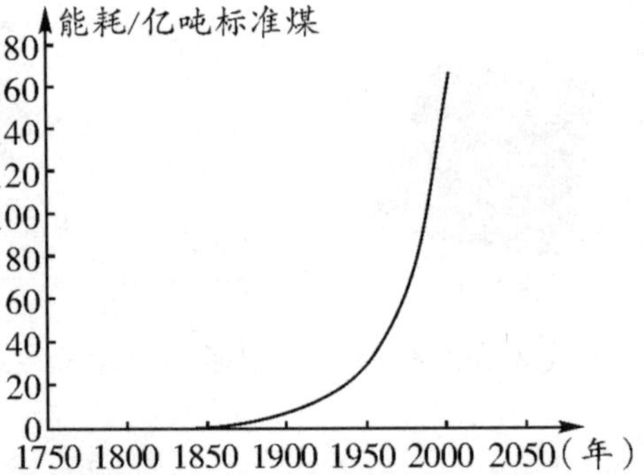

图 3-4-12　人类能源消耗急剧增长

围能源所面临的严峻问题，了解近年来世界能源消耗情况。

2. 师：如果把全世界的能源消耗量折合成热值为 2.93×10^{7} J/kg 的标准煤来计算，1950 年为 26 亿吨，1987 年为 110 多亿吨，2003 年接近 140 亿吨，2007 年达到 160 亿吨。化石能源是现代人类文明所需的主要能源。由于其属于不可再生的资源，所以总有使用殆尽的一天。

3. 提出问题：作为人类主要能源的化石能源储存量并不丰富，而化石能源利用后，不能再生。应怎样解决人类能源的出路？

生 ：必须开发利用核能、太阳能等新能源。

教法二：小组讨论法

1. 作为人类主要能源的化石能源储存量并不丰富，而化石能源利用后，不能再生。应怎样解决人类能源的出路？

生：必须开发利用核能等新能源。

2. 人类如何利用核能？

生：20 世纪 40 年代，科学家发明了可以控制核能释放的装置——核反应堆，拉开了以核能为代表的新能源利用的序幕。

3. 核能发电的原理（如图 3-4-13）。

生：核能先转化为内能再转化为机械能最后转化为电能。

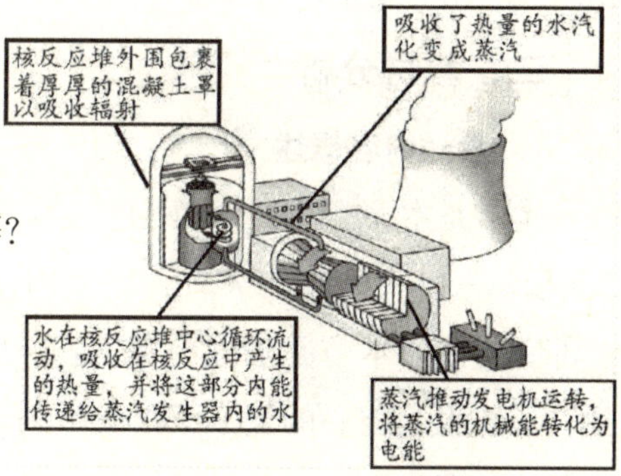

图 3-4-13　核能发电原理

4. 核能发电与热电站对比，有何利弊？

利：（1）不造成空气污染；

（2）不排放 CO_2；

（3）消耗核能源少；

（4）发电成本低。

弊：（1）产生放射性废料；

（2）排热量大；

（3）建厂成本大；

（4）核泄漏污染大。

合作学习案例3：《太阳能》

一、学考要求

1. 课标要求

（1）知道太阳的由来及其特点。

（2）了解太阳能的利用方式。

2. 考纲要求

主题	内容	要求
能源与可持续发展	核能火炉、太阳的知识、太阳的利用	了解

相关知识常出现在选择题、填空题、综合能力题中，如佛山中考试卷2012年综合能力题第24题、2010年综合能力题第25题。太阳能的由来及其利用等知识可以单独命题考查，但更多情况下是与能量的转化和守恒定律、质量密度、热量计算、效率计算等知识结合起来考查，特别是太阳能热水器效率的计算考查，物理过程相对复杂，物理量特别多，难度一般较大。

二、教材分析

1. 教材内容概述

本节是本章的核心（两种新能源：核能、太阳能）之一，本节内容由“太阳——巨大的核能火炉”“太阳是人类能源的宝库”和“太阳能的利用”三部分组成。本节是通过一系列问题自学了解太阳能量之巨大，通过播放视频，了解太阳核心的氢原子核发生的聚合反应、释放的巨大核能。通过阅读课文和相关图片以及播放视频太阳能辐射到地球后是如何转化为化石能能源、水能和风能的，从而认识太阳是人类能源的宝库。最后通过生产、生活的实例了解人类直接利用太阳能的两种主要方式：一是光热转换，另一种是光电转换。

2. **教学重点**

让学生正确认识太阳能的来源及其巨大的应用前景。

3. **教学难点**

太阳能的来源和储存方式。

4. **延伸知识**

太阳能一般是指太阳光的辐射能量。在太阳内部进行的由“氢”聚变成“氦”的原子核反应，不停地释放出巨大的能量，并不断向宇宙空间辐射能量，这种能量就是太阳能。太阳内部的这种核聚变反应可以维持几十亿至上百亿年的时间。太阳向宇宙空间发射的辐射功率为 3.8×10^{23} kW 的辐射值，其中 20 亿分之一到达地球大气层。到达地球大气层的太阳能，30% 被大气层反射，23% 被大气层吸收，其余的到达地球表面，其功率为 8.0×10^{14} kW，也就是说太阳每秒钟照射到地球上的能量就相当于燃烧 500 万吨煤释放的热量。广义上的太阳能是地球上许多能量的来源，如风能、化学能、水的势能等。狭义的太阳能则限于太阳辐射能的光热、光电和光化学的直接转换。

三、教法示例

（一）太阳——巨大的“核能火炉”

教法一：问题情景法、小组合作法

1. 新课引入：动植物的生长，人类的活动都无法离开太阳（如图 3-4-14 太阳的结构）。

你是否了解太阳？人类是否能够从距离地球 1.5 亿千米远处的太阳上，获取所需的能源？

2.（播放太阳视频）并思考以下几个问题：

（1）地球距离太阳有多远？（2）太阳有多大？（3）太阳有多热？（4）太阳的能量来源是什么？（5）太阳的年龄是多少？它还能燃烧多少年？

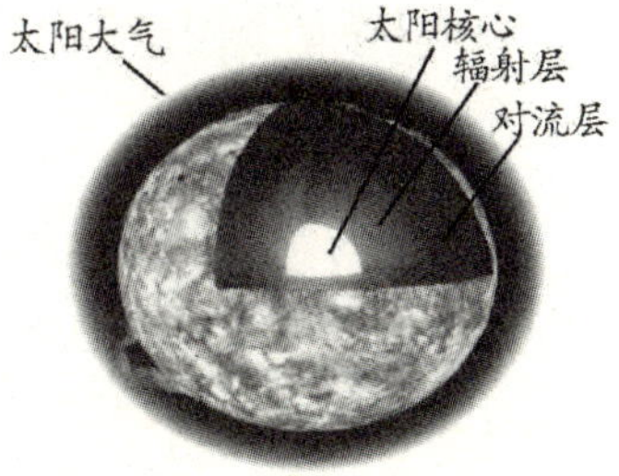

图 3-4-14　太阳的结构

老师引导学生交流自主阅读课本第 174 页第 1、2 段内容并归纳结论：

（1）太阳距地球 1.5 亿千米，直径大约是地球的 110 倍，体积是地球的 130 万倍，质量是地球的33万倍，核心温度高达1 500万摄氏度。太阳表面温度约6 000 ℃，太阳至今已经稳定地“燃烧”了近50亿年，而且还能继续“燃烧”50亿年。

(2) 在太阳内部，氢原子核在超高温下发生聚变，释放出巨大的核能。太阳核心每时每刻都在发生氢弹爆炸，太阳就像一个巨大的“核能火炉”。

(二) 太阳是人类能源的宝库

教法一：自主学习法

1. 请学生阅读课本第174～175页第3、4、5段内容并完成投影幕上PPT的问题：

(1) 我们今天所用的大部分能源来源于________。

(2) 人类利用的一次能源——化石能源有________、________、________。

(3) 化石能源是怎样形成的？

(4) 化石能源归根到底是由________能转化而来的。

教法二：讲授法

师：太阳向外辐射的能量中，只有约二十亿分之一传递到地球。

1. 太阳光已经照耀我们的地球近50亿年。

2. 太阳能是我们人类所使用的大部分能量的来源。

教法三：小组合作学习法

1. 引导学生阅读图3-4-15并讨论石油、天然气的形成原因：

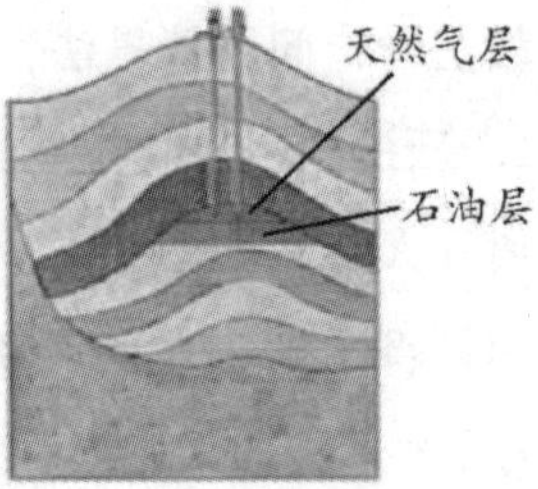

图3-4-15 石油、天然气的形成

小组A：煤、石油、天然气是地球给人类提供的最主要的一次能源。

小组B：远古时期陆地和海洋中的植物，通过光合作用，将太阳能转化为生物体的化学能。

小组C：经过几百万年的沉积、化学变化、地层的运动，在高压的作用下逐渐变成石油和煤。

小组D：石油的形成过程还放出天然气。

老师帮助学生总结：化石能源实际来源于太阳能。

教法四：问题情景法

1. 播放视频（水能、风能的利用），讨论水能、风能是怎样形成的？它与太阳能有关吗？

生A：人类利用的风能、水能、生物质能实质是间接利用太阳能。

2. 下列人类日常生活、生产中、自然界的各种现象的图片中，如图3-4-16、图3-4-17、图3-4-18、图3-4-19，你能说明太阳辐射到地球的能量的利用、转化和守恒的情况吗？

图3-4-16

图3-4-17

图3-4-18

图3-4-19

生B：太阳光已经照耀我们的地球近50亿年，地球在这近50亿年中积累的太阳能是我们今天所用大部分能量的源泉。人类的日常生活，也无法离开阳光。

（三）太阳能的利用

教法一：问题情景法

1. 下列人类日常生活、生产中、利用太阳能图片中，如图3-4-20、图3-4-21，你能说出它们从什么能量转化吗？

图3-4-20　太阳能热水器

图3-4-21　太阳能路灯

答：直接利用太阳能的方式主要有两种。

（1）光热转化：太阳能转化为内能。

（2）光电转化：太阳能转化为电能。

教法二：小组合作学习法

1．请同学们带齐实验器材（黑色塑料盘子和白色塑料盘子、玻璃板或透明塑料纸、温度计）到室外阳光充足的地方进行实验，并把实验数据记录在学案上（老师启发、指导）。实验过程引导学生思考以下几个问题：

（1）为什么要用黑色的盘子？（2）为什么盘子上面要盖透明玻璃板？

小结：黑色塑料盘子中的水温度较高，白色塑料盘子中的水温度较低。这是因为黑色塑料盘子吸收了太阳辐射将太阳能转化为内能，再被水吸收转化为水的内能。（黑色物体能够吸收各种的色光，玻璃板能透过各种色光。）

教法三：讨论法、自主学习法

1．视频展示太阳能汽车、太阳能音乐盒、太阳能路灯、太阳能航标灯，你能说出它们的主要结构和原理吗？请同学们认真阅读课本第177页的内容。

2．自学内容（看课本第177页的内容并填空）。

太阳能电池把______能转化为______。太阳能电池具有寿命较________、________污染的优点，但是它的成本较________，而且每个太阳能电池产生的________较低。太阳能电池主要在__________、__________、__________等领域中应用，在日常生活中也用于__________、__________、__________等耗电少、工作电压低的用电器。

合作学习案例4：《能源与可持续发展》

一、学考要求

1．课标要求

（1）知道能量的转化和转移有一定的方向性。

（2）了解我国和世界的能源状况和能源消耗的趋势。

2．**考纲要求**

主题	内容	要求
能源与可持续发展	能源转化和转移的方向性、能源消耗对环境的影响、能源与可持续发展	了解

相关知识常出现在选择题、填空题、综合能力题中，如佛山中考试卷 2011 年综合题第 25 题、2012 年选择题第 6 题。能源转化和转移的方向性、能源消耗对环境的影响、能源与可持续发展等知识可以单独命题考查，但更多情况下是与能量的转化和守恒定律、能源的分类、太阳能、核能等知识结合起来考查，试题难度一般不大。

二、教材分析

1．**教材内容概述**

本节内容由“能量转移和转化的方向性”“能源对环境的影响”和“能源与可持续发展”三部分构成，首先引导学生搜集生产、生活中的实例，分析能量转移和转化情况。再引导学生搜集实例，分析在消耗能源的同时是否对环境造成影响，使学生认识到在利用化石能源等能源的同时会对环境造成严重的破坏。最后引导学生分析世界和我国的能源状况，了解地球上不可再生能源的局限性，从而引出为了满足人类不断增长的能源需求必须开发新能源。

2．**教学侧重点**

世界和我国的能源状况。

3．**教学难点**

对未来理想能源的认识。

三、教法示例

（一）能量转移和转化的方向性

教法一：问题讨论法

师：新课引入：既然能量是守恒的，那地球上的能量就不会减少了，为什么还需要节约能源？

师：1. 内燃机（汽车）在工作过程中把什么能转化为什么能？转化为的这些能量可否再转化为化石能源被再利用？

生：汽车工作过程化学能转化为汽车的机械能、内能，这些机械能、内能无法再转化回可以被利用的能源。如下图所示：

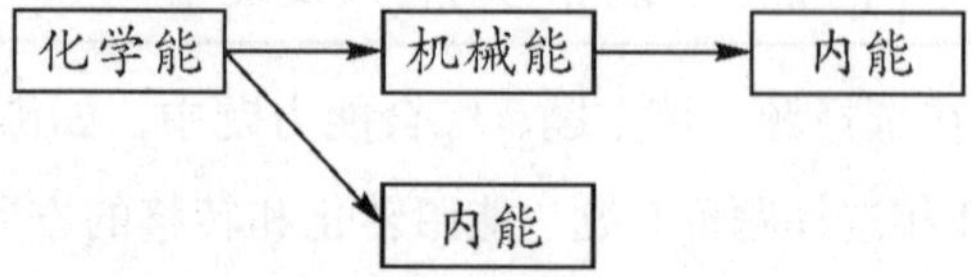

图 3-4-22　汽车消耗的能量不能收集起来

师：2. 火力发电厂把煤中贮存的化学能转化为电能，供生产和生活用。用电器将电能转化为内能、光能、机械能多种形式的能后，这些能量能否再变回能源？

生：不能。

教法二：问题情景法、读书指导法

师：1. 汽车制动时（如图 3-4-23），散失的热量能否收集起来再被利用？

图 3-4-23　汽车制动

生：汽车制动时，由于摩擦，动能转化成轮胎、地面和空气的内能，这些消耗的能量不能再自动地被用来驱动汽车。

师：2. 请同学们认真阅读课本第 178 页第 2、3 段内容，并完成投影幕上 PPT 的检测：

（1）在热传递过程中，热量只能自发地从________温物体转移到低温物体，不能相反。如果要使热量从低温物体流向高温物体，就需要________其他形式的________，例如电冰箱就需要消耗________能。

（2）可见，涉及热现象的能量转化过程是的________性、________逆性，消耗掉的内能________能被收集起来再利用。实际上，能量的转化、能量的转移，都是的________性的，有些能量可以利用，有些则__________。能量的利用是有__________的，我们所能利用的能源是________的，所以需要节约________。

（二）能源消耗对环境的影响

教法一：问题情景法

1. 以下是生产、交通运输中能源消耗图片，你认为化石燃料在使用过程中，能量有没有全部被有效利用？对我们生存的环境造成哪些影响？产生哪些危害？说说你的看法。

图 3-4-24　工厂排放废气

图 3-4-25　汽车排放尾气

生 A：化石能源通过燃烧转化为内能，相当一部分内能没有被有效利用。

生 B：大量燃烧石油、煤炭造成空气污染并且产生各种废料。

生 C：汽车尾气造成空气污染和城市热岛效应。

生 D：煤炭燃料燃烧产生的大量二氧化硫等气体会造成酸雨，可致水、土壤酸化，对植物、建筑构件造成腐蚀性危害（如图 3-4-26 酸雨侵蚀后的汉白玉石柱、图 3-4-27 酸性气体形成酸雨造成危害）。

生 E：燃料燃烧产生的大量二氧化碳，加剧了地球的温室效应。

图 3-4-26　酸雨侵蚀后的汉白玉石柱

图 3-4-27　酸性气体形成酸雨造成危害

教法二：讨论法、合作法

1. 请同学们认真阅读课本第 179 页“想想议议”，并完成表格中的内容。

在耗用各种能源时，对环境是否会造成破坏呢？在下表中，用“√”表示大量耗用该类能源对环境会有明显破坏，用“×”表示对环境不会造成明显破坏。

能源种类 产生的环境问题	石油和天然气	煤	水力发电	核能	柴薪
空气污染					
废物					
有害反射					
水土流失和沙漠化（破坏生态平衡）					

（三）能源与可持续发展

教法一：问题情景法

1. 以下新标准油品牌号标志的更换，你觉得这种做法对能源的可持续发展有什么益处？

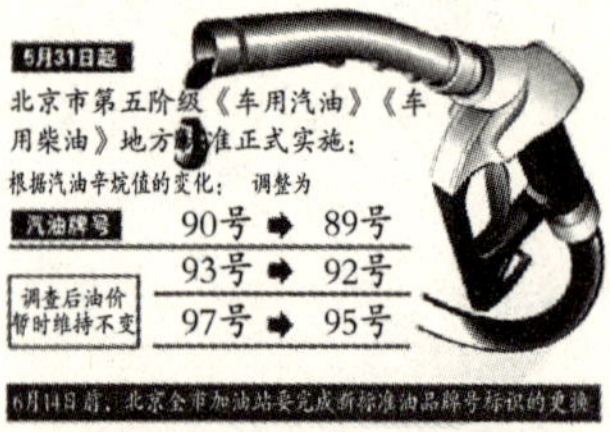

自2012年6月1日起，北京的机动车燃油进行了最新一轮的升级，升级后的燃油更加环保，可以改善大气质量。

生A：提高能源的利用率，减少在能源使用中对环境的破坏。

教法二：读书指导法、合作讨论法

师：请同学们认真阅读课本第180页第2、3段内容并讨论以下几个问题：

(1) 目前人们生产生活中使用的能源有哪些？

(2) 什么是不可再生能源？你能说出有哪些不可再生能源？

(3) 什么是可再生能源？你知道有哪些可再生能源？

生A：煤、石油、天然气、电能、水能等。

生B：不能在短期内从自然界得到补充。如：化石能源、核能等。

生C：可以在自然界中源源不断地得到，如风能、水能、太阳能。

教法三：讲授法

1．投影幕上出示全世界能源消耗的增长数据，并分组讨论：

（1）石油可开采的只有 135 亿吨，已探明 60 亿吨，已开采 36 亿吨；

（2）天然气可开采 9 万亿方，已探明 2 万亿方，但分布在边远地区，目前只开采了 5 000 亿方；

（3）煤可开采 1 153 亿吨，开采情况不乐观。

老师引导学生总结：不可再生能源资源有限，开采情况不乐观，且污染严重，因此必须开发新能源。

新能源需要满足的条件：

（1）必须足够丰富，可以保证长期使用。

（2）必须足够便宜，可以保证多数人用得起。

（3）相关的技术必须成熟，可以保证大规模使用。

（4）必须足够安全、清洁，以保证不会严重影响环境。

第四章　小组合作学习在物理课堂的教学方法

第一节　小组合作学习的基本特征

《国务院关于基础教育改革与发展的决定》中明确提出："鼓励合作学习，促进学生之间的互相交流、共同发展，促进师生教学相长。"合作学习是一种具有创意和实效的教学策略，新课程改革的重点之一就是如何促进学生学习方式的变革，其中合作学习就是新课程提倡的新的学习方式之一。

随着新课程的深化，传统的教学模式弊端突显，无法满足促进全体学生发展的根本需求，当前的教育条件下，集体授课模式是不容易改变的教育现实，那么在此基础上如何提高初中物理教学的效果呢？在实践中发现采用小组合作的方式进行教学管理不仅能够提高班级内部全体学生的课堂参与度，还能提升学生与人交流、合作的意识，提高课堂教学的交互性，发展学生的能力。

通过三年的课题研究，从文献调查与小组合作学习方式相关的教育学基础、心理学基础、建构主义理论、元认知理论、物理学科基础等理论，并以此为指导，研究得出，初中物理小组合作学习方式要想取得实际的效果应该具有如下几个特征：

1. **目标性**

通过实践活动基础上的主体合作与交往，促进学生主体性发展和学生社会化进程；充分唤起学生的主体意识，建立起探索性的个性化的主体学习方式，培养学生的创新精神和实践能力；进行积极主动的交流合作，从而减轻思想压力，增强自信心，增加动手实践机会，培养学生的竞争意识、集体观念和合作精神，使不同的学生都得到相应的发展。

2. 互助性

在合作学习中，小组的成员之间是一种相互帮助的关系，每个成员与其他成员之间是同舟共济、荣辱与共的关系，每个人对为自己和其他成员的学习负有一定的责任。在合作学习中，小组成员之间需要相互帮助，小组内其他成员的成功也就意味自己的成功，同时，小组成员之间也通过互助各自获得相应的进步和发展。

3. 互补性

合作学习在小组组建的时候，教师就充分考虑学生的不同的特点，尽量使小组内的成员具有不同的特点。合作学习之所以考虑到这点，是因为在这样的合作小组中，合作中充分发挥合作互补性的特点，使不同水平和特点的学生在合作中相互促进，实现所有的学生都获得充分发展的目的。

4. 互动性

合作学习突破了以往传统教学只强调老师的主体作用、学生被动接受而对学习产生厌倦的现象，充分调动教学中的师生、生生关系等进行互动。合作学习中的互动，不仅包括师生之间的人际互动，还包括生生、师师、师家（长）和家（长）生等之间的人际互动与交往，因为有多种互动关系的介入，从而使课堂更有活力，成为“三位一体”的教育，大大提高了学生学习效率，并且更好地培养学生合作能力，为学生终身来持续发展提供了很好的平台。

5. 明确性

在各探究小组中，各成员完成小组学习任务时，必须有明确的分工，如有的学生担任小组的协调总结工作，有的动手操作，有的负责记录等。这样每个学生分工负责各自的工作，使得每一个学生都获得个人责任感，共同为完成小组的学习任务而努力。同时，这种组内分工又是不断地调整的，组内每一位成员有机会分担不同的角色，获得不同的体验，从而有利于学生的全面发展。已经证实，合作探究学习有利于学生的社会化发展和同伴关系的质量，而这些又有助于学生体会到自己的价值和感受到被尊重。

6. **合作性**

合作探究学习活动中学生间的活动应是互动的。在合作探究活动中，学生同样可以体现出自主性，自己有主动合作的意识，主动与其他同学合作探讨解决问题。教师要努力由“师教生学”向“共生互学”转变，由“传授知识”向“促进学习”转变，由“教案剧”向“创造剧”转变。在合作探究教学策略实施过程中，教师要关注探究小组内学生的分工情况，以及学习小组最后的学习成果的汇报水平。教师要在学生进行探究学习的过程中观察学生的交流合作情况，通过一些表象发现学生在合作探究中的闪光点和问题，有意识运用鼓励、支持、引导等手段促进每个学生积极地参与到合作探究中去。在合作探究教学活动中，教师还应是参与者。互动合作不仅仅是针对学生之间，教师同样要积极参与学生的小组探究，从而形成师生互动合作的良好教学关系。研究表明，如果每一个探究活动都要具有高度的自主性和探究性，很少有学生有足够的能力从事这样的探究。教师在参与学生的探究活动中，根据学生的实际，选择教师指导探究的程度，有助于发展学生的探究能力。

7. **讨论性**

（1）多元化互动，促进共同提升。

除了师生之间的互动，小组合作学习更主要的是采用生生间的互动，学生间的互动是一种重要的合作学习形式。该形式最初起源于美国，随后在各个国家得到广泛应用，并取得了很大的成效。此种学习方法有效弥补了传统教学模式下“学生主体地位不足”这一缺陷，让学生真正成为了课堂的主人。学生之间展开互动交流学习，有助于发散思维，增强思考问题的能力，同时促使学生在学习活动中形成互帮互助的习惯，与同学共同成长、共同进步。学生互动学习形式的主要特点，就是学生之间站在平等的地位展开交流，摆脱了教师在场时的约束感，能够最大化地增强学生的学习效果。

（2）科学设置问题，激活物理思维。

教学不可缺少问题，以问题为载体组织并引导学生探究成为了当前主流教学模式。笔者认为物理课堂教学中的提问应加强设问的针对性，讲究设问的合理性，增强设问的启发性，注重提问方式的多样性和语言的变化性，提问既面向全体又层次分明，合理分配答问对象、合理点评给予有效的教师反馈以刺激强化。在课堂教学中应发现学生的闪光点，对回答正确的学生或回答有创造性的学生应充分肯定，更要探问是否还有更好的方法。对回答错误的学生应找出其错误思路，延缓评价或另相评价，机智引导或解答。创设宽松的教学氛围，最终达到满意的效果。在课堂引入上借助于生动的提问，可以有效集中学生的注意力，调动参与到探究活动中来的兴趣；而在一节课的中间，往往学生的注意力容易疲劳，或是有些学生在解决问题过程中容易出现困惑，此时巧妙的设问或追问能够改善学生的思维效率，调节课堂氛围，长时间维系学习小组的学习关注度和效率。

8. **评价性**

合作探究教学活动评价从形式上可分为组内评价和组外评价两种，组内评价由学生自我评价、学生之间的评价和小组自我评价构成，组外评价由小组间评价和教师评价构成。最主要的评价形式是对合作学习小组的评价，通过小组自评、教师与其他小组的评价形成对该探究小组的总体评价，因此合作探究教学活动的评价是以探究小组的成绩呈现，学生个人的评价可以和小组的评价相同，也可以不同。合作学习也就是学生经过一段时间的合作学习，对自己小组（其中也包含个人）在合作中的表现进行评价，提出改进的意见，推动小组合作学习的发展。

合作探究教学活动的评价可以分为过程性评价和结果性评价两种，其中以过程性评价为主。就学生发展而言，学生学习过程中获得的感受，体验的成功与失败以及对于问题的解决本身是更具实质性意义的学习成果，探究活动中的参与态度、付出的努力和钻研的精神是评价的重要内容。在过程性评价中，应着重以下几个方面：小组活动的方式、小组活动的秩序、组员的行为表现和参与情况、组员的合作技能等。结果性评价主要有：组员的学习效果、小组活动结果的汇报水平、对其他小组意见的修正与补充等。

9. **小组合作学习实施条件**

并不是所有的教学内容都需采用合作学习的形式，一个没有合作价值的问题，合作是一种重复劳动，会使学生厌倦。因此，精选合作内容是开展小组学习的实施前提。笔者认为，对于本学科而言，具有合作价值的内容应该具有下面的一些特点：

（1）内容可具体分解。合作学习是以学生互相学习，取长补短，达到共同提高，培养合作精神为目标的。因此，那些内容可分解，即可让每个合作成员有明确任务的学习内容比较适合开展小组合作学习。

（2）内容有探究价值。有一定探究价值的内容应该是有一定难度，答案多样，学生感兴趣、爱参与的内容。

案例分析：《探究串联电路的电流规律》

1. 诱导产生合作动机

从学生的原有认知来看，前期的学习已经接触了一点，串、并联电路也连过一次，而且利用电流表测量简单电路的电流也进行过一次，但学生对这方面的内容还是比较生疏的。为了确保全班学生能顺利进行实验，必须对串联电路、并联电路的概念、接法，电流表量程的选择、接法、读数和使用电流表的警示标志进行铺垫复习。为了节约时间、提高效率，可以精选一些习题预先做成学习工作单在课上发放，紧接着可以采用小组竞赛的方式让学生把两个灯泡以串联的形式接在电路中，并闭合开关，让同学们比一比哪一组的小灯泡先亮起来。当一、二分钟内各组的小灯泡先全部亮起来后，待学生情绪十分高涨时，对照串联电路的电路图，并请同学们考虑一个问题：串联电路中通过 A、B、C 三点各点的电流可能有什么关系？请同学们不要急于回答，给大家 1 分钟时间，各小组讨论一下，然后再回答，大家可以大胆地猜想，充分发表自己的设想。

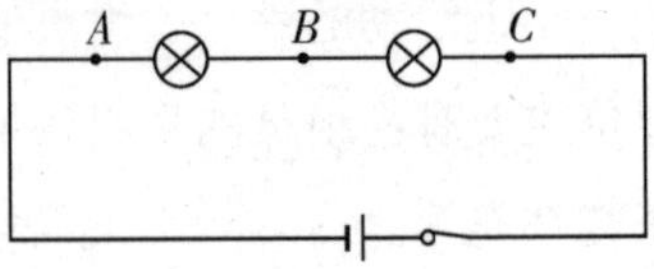

2. 分组合作自主探究，享受成功乐趣

问题提出来后，探究活动的以下六个步骤必须发挥教师的主导作用，调动学

生的积极性，在交流合作中有序进行。首先，各组学生就串联电路中各点的电流关系充分发表自己的猜想，直到没有不同意见的。待学生回答后，要在黑板上把学生回答的几种情况归纳出来：

（1）通过 A、B、C 三点的电流相等（因为两个灯泡的亮度一样）；

（2）通过 C 点的电流大（因为电流从正极流出有损耗）；

（3）靠近负极的 A 点的电流大（因为靠近负极的灯泡亮）。

教师：同学们的讨论热烈，猜想都有根有据，现归纳起来，有上面三种情况，那么串联电路中的电流究竟有什么规律呢？大家有什么办法知道它？学生纷纷举手回答：用电流表测。

教师：很好！但是，每做一个实验之前，都必须有一个计划，这个实验需要哪些器材？实验步骤怎样？实验的电路图是怎样的？计划好后才能进行实验，切不能急于求成没有计划就做实验，做到哪里算哪里，手忙脚乱的不会有好结果。下面，请各小组用 4 分钟左右的时间在已发的工作单上制订实验计划。

测量串联电路中 A、B、C 三点的电流：

（1）实验器材：____。

（2）实验步骤：____。

（3）实验的电路图：（一、二、三大组画测 A 点的电路图，第四、五、六组画测 B 点的电路图，第七、八组画测 C 点的电路图。）

教师同时巡回，与学生交流，发现某些问题可随时提醒学生，如规范作图问题等。有些亮点，也可及时予以肯定，如有些小组先画电路图，再根据电路图写出实验器材，也未尝不可。待各小组制订实验计划基本结束时，利用视频展示部分小组的实验计划，供全体学生评论。这样做既能指出某些计划存在的问题，及时纠正，又能让全体学生明确该实验到底应该怎么做。在实验步骤上，虽然各小组学生分歧较大，但通过分析比较，最后统一为三步：

（1）电池组、开关和两个灯泡用导线连成串联电路；

（2）分别把电路中 A、B、C 三点断开，接入电流表，测出该点的电流，记好数据；

(3) 交换两个灯泡的位置，或改变电源的正、负极，但要注意电流表的正、负接线柱不能接反。将流过 A、B、C 三点的电流再测一遍，并记好数据。

在进行实验前，明确要求每个小组两个学生各测一次 A、B、C 三点的电流，在一个学生做实验时，另一个学生记录数据，相互协作。在学生进行实验时，教师巡回指导，尤其要注意进度较慢的几个小组。实验基本结束时，请两个学生各收一个大组的实验记录，同时请同学们整理器材。适时将记录数据利用投影进行展示，要求学生对照自己的实验结果进行分析。虽然有个别小组由于读数的方法错误造成数据错误（有的小组接的是小量程，读的却是大量程的数据），但通过讨论与分析，还是得出一致结论：串联电路中电流处处相等。

3. **交流和评估**

先是以小组讨论的方式，回顾本次实验探究活动，你做得怎样？获得了什么？还有什么问题？最后请各组组长向全班作简短发言。

归纳学生发言如下：得到了“串联电路电流处处相等”的正确结论；各小组一人做实验，一人记录，协作得很好；有的小组把电流表的正、负线接线柱接反的……提出的问题有：既然串联电路中电流处处相等，为什么小灯泡的亮度会不一样？同样的器材，为什么测出的数据会有差异？我们前后两组的小灯泡都不一样亮，为什么换了一个又都一样亮了？……各个组长的简短发言，虽有重复，但足以包涵老师的小结。

最后，教师简单地说：组长的发言很好，充分反映了本次探究活动的真实情况，在此，祝贺大家以自己的智慧与劳动正确地测出了串联电路的电流规律，同学们所提问题，将在以后的学习中得到答案。

第二节　小组合作学习方式教学的基本模式

小组合作学习首先是在班级内部根据学生的具体学情进行隐性分层，然后综合考虑学生的身高、性别、认知水平层次搭配分成 4 ~6 人组成的学习小组，将课堂的学习活动交给学习小组，然后在进行组间交流和全班讨论，实现知识的获得，并在讨论和进一步加工的过程中进一步精细化。不过纵观初中物理教材，内容呈现形式存在着差异，难度也各不相同，因此小组合作学习的模式也应该进一步模式化、可操作化。本文从任务型、开放型和指导型三种基本模式出发，结合案例进行分析。

一、任务型小组合作学习模式

1. 教学流程设计

该模式是结合学生的具体学情和教学内容，将初中物理知识点以任务或问题的形式呈现，并下发到学习小组，小组内部合作探究、讨论，然后师生阶段性总结发现或由教师提出新的任务二，再由小组内部进行合作探究、讨论，在一个个任务完成后再进行课堂回顾和总结。具体流程如表 1 所示。

表 1

教学流程	操作过程	控制点
开始	提供问题情景和策略模型、引导有意义的讨论强调理解、探究新的概念和技巧	教师控制区段
小组合作讨论“任务一”	区分和归纳形成概念 ⟶ 解释材料做出推论 ⟶ 应用原理验证假设 ↓　　　↓　　　↓ 看（听）到了什么？确定事实范畴 ⟶ 解释思考的过程，提出个人的发现 ⟶ 相关知识的再现预测和假说的因果关系的确定	学生合作小组控制区段

续表

教学流程	操作过程	控制点
阶段性小结	评价过程及澄清问题（商讨问题情景、讨论策略/过程/发现、提供新发现、新“任务二”）	师生合作控制区段
小组合作讨论“任务二”	同上	学生合作小组控制区段
阶段性小结	评价过程及澄清问题（商讨问题情景、讨论策略/过程/发现、提供新发现、新“任务三”）	师生合作控制区段
小组合作讨论“任务三”	同上	同上
……	……	……
课堂小结	任务回顾与总结（简短回顾与总、发现结果的复习、与将来和过去研究的联系）	师生合作控制区段

2. **案例1——《变阻器》教学设计**

在课堂开始，通过一个可调光台灯的演示（旋动旋钮亮度越来越亮或越来越暗）导入新课，并引出问题和任务：

问题1：调光台灯是如何才能实现调节控制？

任务 1：以学习小组为单位进行电路图设计，并展示。

组间交流，将学生的方案进行展示和交流，这个过程可以请小组代表到讲台上来，用实物投影的方法介绍自己所在小组的设计方案，解释可预见性效果。

从学生的认知基础出发，学生大多用到了电阻，但是电路图还是有些缺陷的，为此笔者可以追出问题和任务：

问题 2：大家回头看看自己的电路设计可调节性上如何？和可调台灯的现象有哪些差异？

任务 2：如何保证灯光连续变化且变化过程中从亮到暗或从暗到亮现象变得明显？

学习小组再次讨论，然后再经过全班讨论，总结学生的想法，将观念趋于一致，那就是连入电路中的电阻要保证其阻值能在较大的范围内能够连续变化，抛出滑动变阻器的构造，接着引出实践性任务。

任务 3：滑动变阻器连入电路中，电路是怎样通过的，用了哪段电阻丝？

这个任务将学习小组引向探究滑动变阻器连入电路中的方法上，虽然这个过程有可能学生会遇到困难，会走弯路，但是接线柱就这么多，学生在尝试后会自然地对连接方式有所整理和归纳，再通过组间交流对滑动变阻器的工作原理的理解会更为深刻。

在学生知识学习和理解后，将问题和任务引向生活。

问题 3：你们知道滑动变阻器在日常生活、生产中有什么应用吗？

小组内学生通过这个问题的讨论，课堂上就实现了知识的内化。

二、开放型小组合作学习模式

1. 教学流程设计

这种组织模式是单线发展的形式，比较适合于学生具备一定基础，且规律性比较容易掌握，具有高探究性的知识内容，以小组学生间自主合作探究为核心，从原有经验的基础上，不断生成问题，并解决问题，最终实现概念的解释和精细化，流程如图 4-2-1 所示：

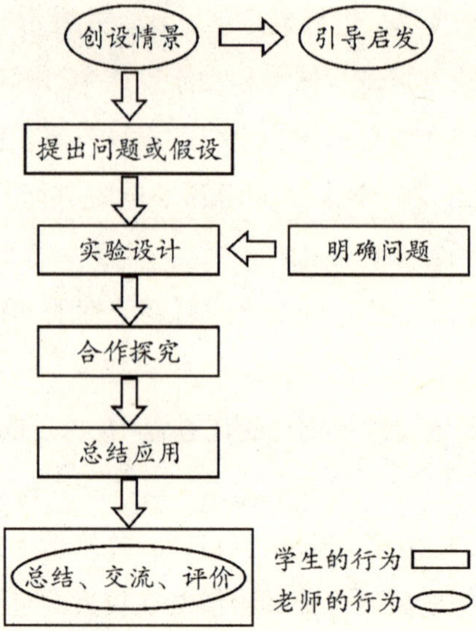

图 4-2-1

2. **案例 2——《伏安法测电阻》教学设计**

伏安法测电阻是初中物理电学的核心内容，学生在实验探究前已经具有了一定的基础，我们的教学可以直接抛出问题，引发学生思考，激活学生的探究欲望。

提出问题：大家的实验桌面上，有几只未标明阻值的电阻，各小组思考，有什么办法知道其电阻值？

通过该问题，将学生的思维引向欧姆定律，并以小组为单位结合实验桌面上的实验器材进行探究，这个问题的提出明确了课堂的探究问题。学生根据这个探究问题，小组内部进行问题的拆解，合作思考如下几个问题：

思考 1：测量电阻的原理是什么？

思考 2：电路图怎样？

思考 3：按照电路图连接实物要注意什么？

学生小组合作探究，将串并联电路和电表的连接方法在实验探究过程中进行应用，在小组合作的过程中，教师注意课堂巡视，及时发现问题并指导解决问题。

最后让各个小组派出学生代表进行实验方法和结果介绍。

小组探究活动完成后，教师可以抛出问题："想想如果实验中只有一只表会怎么样？还能测出电阻器的阻值吗？"将学生的思维引向深处，有效实现了初高中物理教学的有效衔接，同时进一步提高了思考的开放性和小组合作的探究性。

三、指导型小组合作学习模式

1. 教学流程设计

指导型小组合作学习比较适合于难度较大的知识内容或是学生容易混淆的概念教学，在该模式下，小组合作学习和教师的主导性作用有机整合，而且突出了教师在小组合作学习中的主导性作用，较复杂的内容教师应用了"讲授法"，而且这种模式在操作时的难度，体现在教师参与度的控制上。流程如图 4-2-2 所示：

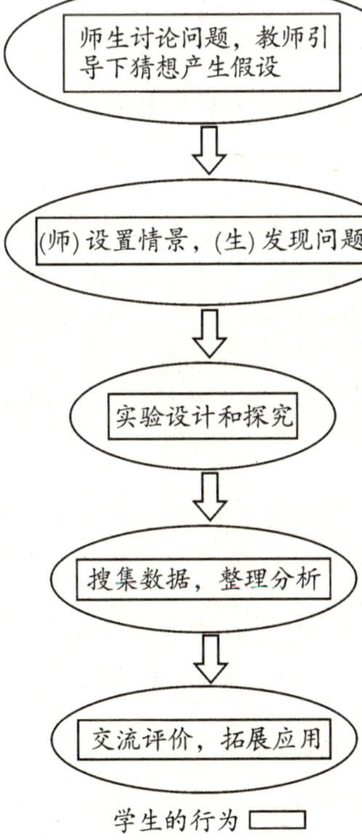

图 4-2-2

2. **案例3——《摩擦》教学实录**

首先，从生活情境出发，透过屏幕给学生展示《市民手册》其中的一个条目："不乱扔杂物。"进行新课导入：乱扔瓜果壳是不卫生、不文明的行为，不仅如此，可能还会造成严重的伤害事故。播放录像："由一块西瓜皮引发的惨案！"

透过视频，抛出问题："人的脚踩在西瓜皮上为什么会滑倒呢？"

学生在生活中也有这样的感受，冬天在结冰的道路上行走容易滑倒，有些同学还真的脚踩到过西瓜皮，所以兴趣被点燃了。在学生的思维逐步打开之际，可以进一步给学生呈现有关"摩擦"的"两人拔河"素材。

邀请一个大个子男生和一个小个子的男生进行拔河比赛，结果是大个子男生获胜。

根据这一比赛结果，抛出问题：为什么大个子男生会获胜？想一想，有没有办法在比赛过程中做点手脚，让小个子男生获胜呢？

大个子男生质量大，对接触面的压力大，得到摩擦力大小与正压力有关的结论。那么如何才能让小个子男生获胜呢？这是一个开放式的问题，学生陷入了思考，思考的过程将刚刚总结到的概念有效地应用到问题的解决中来，不同的学生想到不同的点子。

方法1：在大个子男生脚底下撒一下沙子，可以帮助小个子男生拔河比赛获胜。

方法2：在大个子男生手握的绳子上涂一些润滑油，可以帮助小个子男生拔河比赛获胜。

从学生想到的方法来看，学生意识到了压力的影响因素客观存在的情况下，要想改变摩擦力的大小，还有一个渠道就是改变接触面的粗糙程度。知识的探究和内化在开放的情境中自然完成。

通过这些素材引导学生对概念有一定的了解，在此基础上抛出问题："滑动摩擦力的大小与哪些因素有关？"引导学生根据前面的素材和生活实际，将思维发散出去，并大致会做出如下几个猜测：

（1）滑动摩擦力大小可能与压力的大小有关；

（2）滑动摩擦力大小可能与物体的速度有关；

（3）滑动摩擦力大小可能与接触面的粗糙程度有关；

（4）滑动摩擦力大小可能与接触面的大小有关。

学生的猜想都是其原有认知和原有经验的反映，都具有探究价值，只要教师科学地引导，学生的猜想会越来越有价值，学生的科学素养也会获得有效的提升。

问题也随着而来：“怎样测定滑动摩擦力呢？”

这个问题引导学习小组进行方案的设计和探究，大多能想到“弹簧测力计”和“二力平衡原理”。根据学生的现有水平，未必能够想到好的方法，在该环节上可以采用直接讲授测定滑动摩擦力的方法，然后放手让学生思考上述几个影响因素的探究方案，实践中学生大多能够确定出如下几个方案：

方案一：先在桌面上匀速拉动木块，再分别在木块上加 1 个和 2 个砝码，在以同样的速度向同一方向匀速拉动木块，观察三种情况下的弹簧测力计的读数，来探究滑动摩擦力与压力大小的关系。

方案二：将同一木块先后放在木板面、玻璃面和毛巾面上，以相同的速度向同一方向匀速拉动，观察两种情况下的弹簧测力计的读数，来探究滑动摩擦力与接触面粗糙程度的关系。

方案三：将同一木块先后平放、侧放。在同一桌面上，沿同一方向、以相同的速度匀速拉动，观察两种情况下弹簧测力计的读数，来探究滑动摩擦力与接触面积大小的关系。

表 2

<table>
<tr><th>控制因素</th><th>改变因素</th><th>改变方法</th><th>测力计示数（即摩擦力大小）</th><th>结论</th></tr>
<tr><td rowspan="3">粗糙程度、接触面积、速度</td><td rowspan="3">压力</td><td>一个木块</td><td></td><td rowspan="3"></td></tr>
<tr><td>木块加小砝码</td><td></td></tr>
<tr><td>木块加大砝码</td><td></td></tr>
</table>

续表

控制因素	改变因素	改变方法	测力计示数（即摩擦力大小）	结论
压力、速度、接触面积	粗糙程度	木板表面		
		玻璃面		
		毛巾面		
压力、接触面积、粗糙程度	速度	缓慢匀速		
		较快匀速		
压力、速度、粗糙程度	接触面积	平放木块		
		侧放木块		

在小组方案确定的基础上，小组内部合作探究：教师巡回指导。最终让学生代表到台前展示，这个知识点有一定的难度，规律的总结离不开教师的指导，但是我认为教师的指导应该是点拨性的，可以在学生汇报和交流的时候进行问题化领引，在讨论中不断补充、完善学生结论，并帮助学生得到正确的结论。

随着新课程改革的深入实施，追求教与学方式的变革已成为共识，倡导建立动手实践、自主探索与合作交流的学习方式，对我们教师的职能和作用提出了强烈的变革要求，即要求传统的居高临下的教师地位在课堂教学中将逐渐消失，取而代之的是教师站在学生中间，与学生平等对话与交流；过去由教师控制的教学活动的那种沉闷和严肃要被打破，取而代之的是师生交往互动、共同发展的真诚和激情。因而，教师的职能不再仅仅是传递、训导、教育，而要更多地去激励、帮助、参谋；师生之间的关系不再是以知识传递为纽带，而是以情感交流为纽带；教师的作用不再是去填满仓库，而是要点燃火炬。因而，构建和谐平等的新型师生关系有利于学生主体精神的发挥、主体人格的完善、主动学习习惯的养成，有利于学生积极地、主动地、创造性地去掌握新的学习方式。

随着课程改革的不断深化，以初中物理小组合作学习方式为主流的教学模式必将得以贯彻实施，基于当前的班级授课模式下的小组合作探究教学活动正逐步揭开教育的某些基本特征。无论是上述哪一种模式，小组合作探究的学习方式的最大特点是以生为本的同时体现出教师的主导性作用，只是教学内容和探究性程度不一样，我们教师切入到知识内容的深度也应该有所差异，教师要始终将自己合理地定位好，我们是与学生一起探究的合作者，引导学生通过小组合作科学探究知识，使学生对科学的本质形成正确的理解，在头脑中形成正确的科学形象，学生在这样的课堂所获得的就不仅仅是知识，多提升的也不仅仅是物理考试的分数，还有合作意识和探究能力的提升。

四、自主型合作学习模式

传统教学是以教师为主体，以讲授为主，学生被动接受，严重束缚了学生学习的积极性、主动性，忽略学生个性发展，严重阻碍学生学习物理的兴趣。自主型合作学习模式是重视学生的自主学习，教师只是引导者和总结者。把课堂交给学生，充分相信学生，挖掘学生的潜力，探究性的自主学习课堂已成为一种必然的趋势。

（一）科学、合理分组

让学生4~6人一个小组，可以围坐组成一个小组，也可以前后桌4人组成一个小组，合作讨论时，前排学生转过身来即可。每堂课的分组合作学习应因学习内容而定，小组的人数也随着教学内容的不同而变化。

划分小组要注意以下几点：

1. 全班学生一视同仁，按平时表现及成绩分组，保证每组学生成绩均匀分布；
2. 树立没有差生只有潜能生的观念，给予学生充分的信任；
3. 不苛求学生十全十美，注重充分发挥学生的优点和特长；
4. 每组4人，两个组长，每个组长负责2个组员。

（二）制定切实可行学习目标

学习目标的制定由教师和学生互相结合来完成，先让学生自己先学，达到目标，在导学稿A处打钩；在小组其他同学帮助下，才能达到目标，在B处打钩；在其他同学帮助都不能理解的，则在C处打钩，老师提前1天收回了解学生自主学习的情况，老师及时进行第二次个人备课，根据学生的先学情况，及时调整教学策略。教师还可以补充新目标去激发学生的求知欲、好胜心，努力共同去完成。

目标确定了方向，要在解决问题的过程中去实现它，教师要将学习内容的整体化为一个个具体的小问题，亦可让学生自设问题，问题要按从易到难、由现象到本质的顺序出现，在预习时、自主学习时、小组合作时分别投放不同的问题供学生思考，逐步深入地引导学生完成对知识的学习和掌握。

（三）体验快乐，共同进步

对于目标、问题要分别对待，不可一刀切，将目标分为两大类：一类自己独立完成，应占问题的三分之二，另一类是小组内合作共同完成。自主完成的应为基础性知识、课本上浅显的问题，学生通过自己动手动脑能够独立完成，获得成功的喜悦，体验到学习带来的乐趣。这样一方面培养了兴趣，另一方面也为合作探究打下一个基础。合作探究的问题多为拓展性问题，难度较大，因此教师要鼓励小组内齐心合力完成。每个学生在小组内都有发言的机会，仁者见仁，智者见智，各抒已见，可以争论，可以查阅资料，也可以向老师咨询请教，教师只给予点拨，不直接给现成的答案，因为那样会束缚学生的思维。无论对与错，无论深刻还是肤浅，学生只要积极大胆发表了自己的见解，小组都要予以肯定，这样能够很好地激发学生的主人翁意识、参与意识，有利于长效的课堂教学与学习活动的组织。尤其是潜能生，参加了小组活动，说出了自己的想法，找到了学习的自信心，听取了其他同学的见解，学到了解决问题的新思路，就是一种进步，长期坚持，潜移默化中就会有大幅度的进步。

案例：《小组合作学习设计实验方案》（让小组同学体验快乐）

实验一：探究力的作用效果和力的大小是否有关

实验器材	实验操作	观察现象	控制的物理量			影响力作用效果的因素
			大小	方向	作用点	
面粉	用两个大小不同的力压面粉，两次方向下，作用点都在A点	面粉凹陷程度不同	不同	相同	相同	当力的方向和作用点相同时，力的作用效果和力的大小有关

实验二：探究力的作用效果和力的方向是否有关

实验器材	实验操作	观察现象	控制的物理量			影响力作用效果的因素
			大小	方向	作用点	
推门	用两个方向不同的力推门，一次方向逆时针，一次方向顺时针，作用点都在A点	门一次被推开，一次被拉紧	相同	不同	相同	当力的大小和作用点相同时，力的作用效果和力的方向有关

实验三：探究力的作用效果和力的作用点是否有关

实验器材	实验操作	观察现象	控制的物理量			影响力作用效果的因素
推门	用两个不同作用点的力推门，两次用力大小、方向都相同	靠近转轴用力的门没有被推开；远离转轴用力地推门容易断	大小	方向	作用点	当力的大小和方向相同时，力的作用效果和力的作用点有关

图4-2-3　学生合作

图 4-2-4　学生小组组员成果展示

（四）展现自我风采，张扬学生个性

提前 2 天将导学稿发给学生进行先学，留足学生自主学习的时间，让学生通过自学或小组成员帮助下，初步掌握基础知识，这样才能保证学生合作探究的质量，所以教师要深入到每一个组、每一个学生、每一个问题中去，在学生感到疑难之处恰当指导，要多从思考问题的方法上进行指导。展示课主要是激发学生积极参与意识，提高学生表现自我的能力，更能激发学生在学习知识后又有新的生成，从而锻炼了创新能力。展示以小组为单位进行，教师将展示任务分解到各组，明确提出展示要求。任务、要求明确后，组长将任务在小组内合理分配，一般准备 5 ~ 10 分钟即可进行展示了。

在如此氛围下，激发了每个学生的表现欲，学生往往会有超常的表现，有创新的闪光点出现，教师要随时捕捉，及时加以鼓励表扬。对于出现的一些错误，在全班没有人指出并纠正的情况下，教师一定要重点讲解强调；对于展示不到位不充分的方面，教师要及时引导、激励，以求有新的生成。

合作学习讲究所有成员为了完成某一项任务而献计献策，大家共同活动。这样大大地增强了学生之间的互动，使全体学生都能参与到学习活动中来。

合作学习的主要目的是加强学生之间的交流和互动，但是也不能忽视老师和学生之间的交流。在学生合作学习时，教师要走下讲台到学生中间来，充当学生学习的合作者，参与学生的讨论，获得有关信息，为有效调控教学做好准备。合作学习结束后，教师组织学生进行全班交流，根据学生反馈的学习信息进行有效的学习指导。总而言之，小组互动、自主合作、个性展示学习模式是一种新鲜的学习方式，大家都应积极投身其中，揣摩更好的组织方法，以期提高教学的效果。

附：导学稿设计 1

课题：第九章第一节《压强》　　　　**课型：新授**

执笔人：　　　　**时间：**　　　　**审核人：八年级物理备课组**

一、学习目标

达标等级	A	B	C
基础目标：			
（1）知道压强的概念，理解压力和受力面积。			
（2）知道压强的大小与什么因素有关。			
（3）知道压强公式，了解增大和减少压强的方法。			
发展目标：通过亲身体验和感受获得对压强知识的感性认识，通过探究活动，让学生理解压强的大小与什么因素有关，培养学生科学的学习态度。			

（注：能在自学阶段达标属于 A 等，经过小组互助达标属于 B 等，小组互助都不能达标的属于 C 等。）

二、重点和难点

1．重点：压强增大和减少的主要方法。

2．难点：压强概念的理解。

三、学法指导

本节课属于新知识类型的课，请学生阅读课本。在预习的基础上，联系生活例子，并能通过探究法，理解好压强和影响压强的因素有哪些。

四、学习过程

自主预习

1. 力的三要素是__________，__________，__________。
2. 重力的方向是______________________________。
3. 放在桌面上静止的书本受到__________力、__________力的作用，书本对桌面会施加一个__________力。这三个力__________和__________是一对相互作用力，__________和__________是一对平衡力。

阅读八年级下册课本第 29 ~ 32 页归纳知识点。

4. 压力

   力是物体对物体的作用，重物压在桌面，桌面受到重物________方向上的________力，该力的方向是________。手压黑板，黑板受到手________于黑板的________力。该力的方向是____________。

5. 压强

   压强：物体__________上受到的________力。

   压强公式用字母表示：$p =$_________________。

   压强的单位：在国际单位中，压力的单位是________，面积的单位是________，所以压强的单位是________，专用单位是________，简称________，符号________，1 Pa =__________。

   （小资料：一张报纸平放桌面对桌面压强约 0.5 Pa，一粒西瓜籽对桌面的压强约 20 Pa，一个成年人对地面的压强约 1.5×10^4 Pa。）

6. 增大和减小压强的方法

   阅读课本八年级下册第 31 页“想想议议”（选填“增大”或“减小”）。

   推土机宽大的履带是为了__________________；

   篆刻刀很窄的刃是为了__________________；

   火车轨道的路枕是为了__________________。

主动研讨

（一）自主学习反馈：展示交流预习成果。

1. 蝉可以把口器插入树皮，吸吮树汁。

骆驼具有宽大的脚掌，是沙漠之舟。

从以上两个例子，你能提出什么问题？

2. 请作出桌面受重物、木头受图钉、斜面受物体、天花板受物体的作用力的示意图。

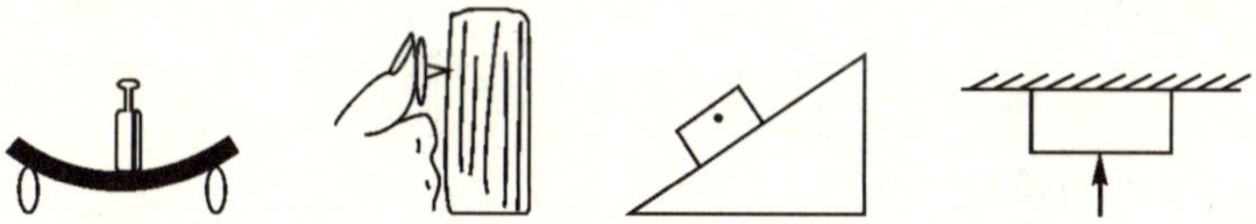

图 4-2-5

（二）课堂互动探究，学习新课。

1. **压力**

（1）请同学们举例，说说我们生活中还有哪些力是垂直于物体表面的：

____。

（2）想一想：压力和重力的区别是什么？

力	大小	方向	作用点
重力			
压力			

观察生活，并想一想为什么。

①一个小孩和爸爸一起到沙滩散步时，他们都留下了脚印，谁的脚印较深呢？

②用两手的食指压铅笔的两端，哪端的手感到疼？且用力越大，感

到越怎样？

③用一只手掌压在气球上，另一只手的食指顶压住气球，发现手指顶着的那部分气球形变得明显，且用力越大，形变越明显。

2. **探究压力的作用效果跟什么因素有关（八年级下册课本第30页“探究”）**

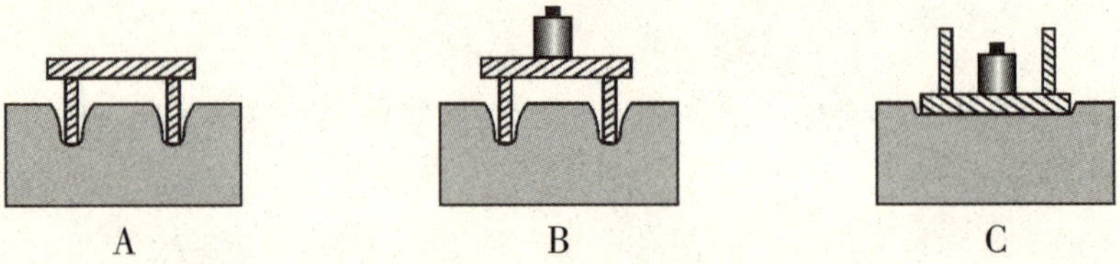

图4-2-6

（1）提出问题：____。

（2）猜想：压力的作用效果与__________________________有关。

（3）实验器材：____________________________。

（4）实验设计：

实验方法：控制________法。

即：①受力面积相同，比较_______的大小。

②压力相同，比较________的大小。

（5）实验结论：____。

3. **压强**

（1）思考：压力2 N，受力面积是2 m^2；压力6 N，受力面积是4 m^2，哪一组压力作用效果明显呢？怎样比较？

你想到的方法：

（2）例题：（阅读人教版八年级下册课本第31页例题）

解题注意事项：

放在水平面的物体对水平面的压力大小等于_______力的大小，根

据的知识有 a. ____;

b. ______________________________。

4. **探究增大和减少压强的方法（阅读八年级下册课本第 29 页图）**

由图可总结出：

增大压强的方法是____。

减少压强的方法是____。

你还能想到生活中哪些例子是增大压强，哪些例子是减少压强？

增大压强的例子：____。

减少压强的例子：____。

（三）联系生活与个人体验，拓展思维能力。

八年级下册课本第 32 页“动手动脑学物理”第 1、3、4 题。

自我巩固

（一）基础篇。

1. 日常生活中，增大压强和减少压强的例子很多，在以下的例子中属于增大压强的有________________；属于减少压强的有________________________。

① 载重汽车安装好多轮子；② 刀、斧的刃要磨得薄一些；③ 火车铁轨要安放在枕木上；④ 坦克要安装履带；⑤ 滑雪时要穿滑雪板；⑥ 盖房子时，地基要打得比墙宽些。

2. 坦克车的履带是为了__________，图钉很尖是为了________________________________。

3. 减小压强的方法有__________和__________，铁路的钢轨不直接铺在路基上，而铺在枕木上是为了__________________________。

4. 甲、乙两物体，质量之比为3∶5，放在水平桌面上，与桌面的接触面积之比为4∶1，则甲、乙两物体对桌面的压力之比为________，压强之比为________。

5. 有一铁圆柱体，底面积是10 cm^2，重78.4 N，放在水平面上，用30 N的力竖直压它，地面受到的压力是__________ N，压强是__________ Pa。如果用20 N的力向上提它，地面受到的压力是__________ N，压强是__________ Pa。

6. 底面积为0.1 m^2，重为200 N的铝块，放在面积为200 cm^2 的水平小凳面上，将凳面盖住，铝块对凳面产生的压强是（　　）

A. 2 000 Pa　　B. 40 000 Pa

C. 10 000 Pa　　D. 1 Pa

（二）拓展篇。

1. 如图所示，物体对支持面压力的示意图正确的是（　　）

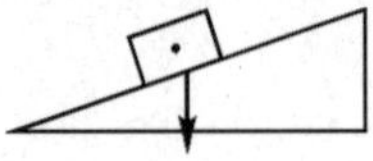

A

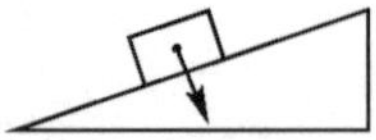

B

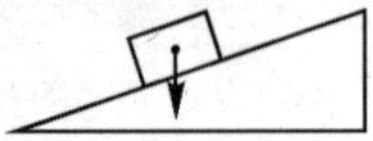

C

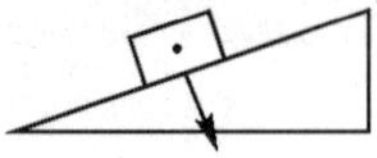

D

2. 关于压强的概念，说法正确的是（　　）

A. 压强跟压力成正比

B. 压强跟受力面积成反比

C. 压强跟受力面积成正比

D. 在压力相同的条件下，受力面积越大，压强越大

3. 黄华路小巷里的纪念碑“血泪洒黄华”（图4-2-7），铭记着日本侵略中国的一段历史，承载着日本欠下中国人的一份血债。碑身高约1.5 m，

宽约0.6 m、厚约0.1 m. 已知碑石密度为$2.6\times10^3\ \mathrm{kg/m^3}$，求：（本题$g$取10 N/kg）

（1）纪念碑的碑重？

图 4-2-7

（2）它对地面的压强？

反思录

学习过程反思（这节课的收获）				
错题反思				
题号	错题关键	错题分析	正确解法	规律总结

附：导学稿设计 2

课题：第十八章第三节《测量小灯泡的电功率》课型：新授

执笔人：钟建平　　　　审核人：九年级物理备课组

【目标】

基础目标	A	B	C
(1) 会用电流表和电压表测量小灯泡的电功率。			
(2) 理解额定功率与实际功率。			
(3) 通过探究，体验小灯泡的电功率随它两端电压的改变而改变，并发现其变化的规律。			
发展目标			
重点： 测量小灯泡电功率的方法。			
难点： 设计实验电路和实验步骤。			
注明： 选 A 是通过自己先学能解决知识点；选 B 是通过小组互相研讨可以解决的；选 C 是通过同学也不能解决的知识点。			

【教学时数】1 课时

【学法指导】

会用伏安法测定小灯泡的额定功率与不在额定电压下的实际功率；会设计测定小灯泡功率的实验并画出电路图，注意电表量程的选择和实验故障分析。

【学习过程】

自主预习

请阅读课文，并完成以下预习检测。

1. 测量小灯泡电功率实验的原理是____________________，在连接电路的过程中，开关必须处于________状态。

2. 滑动变阻器的制作原理是通过改变连入电路中的__________来改变________的。滑动变阻器一般将它_______联在电路中，并且通常在使用前将滑片调到_______________________的位置上，这主要是为了避免电路中____________过大，以致烧坏有关元件，对电路起到________作用。

3. 白炽灯泡的亮暗由_____________________的大小决定。正常发光时，它的实际功率_______额定功率；变暗时，它的实际功率_________额定功率。

4. 在“测定小灯泡额定功率”的实验中，若小灯泡额定电压为2.5 V，电阻约为10 Ω；电源是4节干电池串联成的电池组，另配有实验室常用的两量程电流表、电压表，最大阻值为20 Ω的滑动变阻器等，则在这实验中，电表应选用的量程是（　　）

A. 电流表选0～0.6 A，电压表选0～15 V

B. 电流表选0～0.6 A，电压表选0～3 V

C. 电流表选0～3 A，电压表选0～3 V

D. 电流表选0～3 A，电压表选0～15 V

二　主动研讨

（一）自主学习反馈：展示交流预习成果。

测量到一个灯泡中的电流和它两端的电压后，怎样才能知道它的电功率？

（二）课堂互动探究，学习新课。

阅读九年级课本第96～97页的内容，制定实验方案：

1. 实验目的：测定小灯泡的_______功率和小灯泡不在_________下的功率，并加以比较。

2. 实验原理：根据公式 $P=$ ________，只要用________测出通过灯泡的电流和用________测出灯泡两端的电压，就可以算出灯泡的电功率。这种测电功率的方法叫做________。

3. 写出实验所需的器材：________________________________。

4. 实验电路图：设计出测量小灯泡额定功率的电路图，画在下面的方框内。

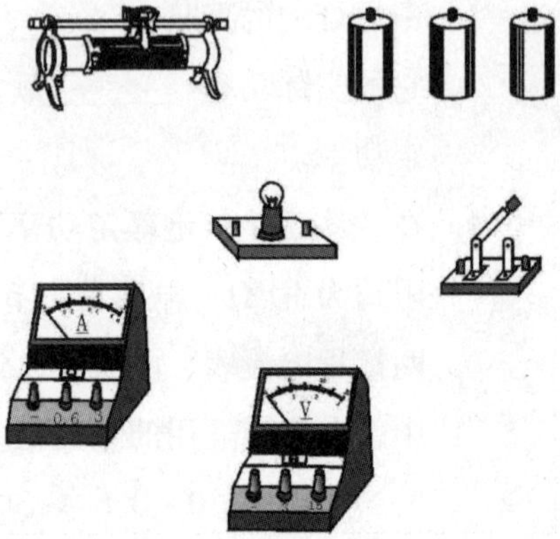

图 4-2-8

实验中滑动变阻器的作用有两个：

一是________电路。

二是使小灯泡两端电压示数为________电压值，说明小灯泡________发光，此时电流表示数为小灯泡的________电流，计算出的功率就是小灯泡的________功率。

5. 小灯泡的额定电压 $U_{额}=$ ________V，按设计的电路图连接实物。

注意：在选取器材时，电源电压应________小灯泡的额定电压；电压表的量程应________小灯泡的额定电压；电流表的量程应________电路中的最大电流；滑动变阻器允许通过的最大电流要________小灯泡的正常工作电流。

6. 实验步骤：

(1) 按电路图接好电路。（接电路时，开关要________，滑动变阻器的滑片要移到________处）

（2）合上开关，移动滑片 P，使电压表的示数调到小灯泡的额定电压，令灯泡正常发光，记下此时电流表的示数及灯的亮度。

（3）移动滑片 P，使电压表示数略大于小灯泡的额定电压，记下此时电流表的数值及灯的亮度。

（4）移动滑片 P，使电压表示数小于小灯泡的额定电压，记下此时电流表的数值及灯的亮度。

（5）断开开关，收拾好实验器材，用公式分别计算出灯泡对应的各个电功率，填写在你设计的表格中。

7. 参照实验步骤，设计出记录数据的表格：

灯泡两端的电压	$U_L = U_{额} =$ ____ V	$U_L > U_{额} =$ ____ V	$U_L < U_{额} =$ ____ V
电流表的示数			
小灯泡的亮度			
小灯泡的功率			

8. 分析与论证：

（1）加在灯泡上的实际电压若等于额定电压，即灯泡可以正常发光，实际功率________额定功率；加在灯泡上的实际电压不等于额定电压时，灯的实际功率________额定功率。（选填“等于”或“不等于”）

（2）加在灯泡上的实际电压越大，灯泡的实际电流和实际功率也越__________。

（3）要使用电器正常工作，加在用电器两端的电压应等于____________________________。

【针对训练】 九年级课本第 97 ~ 98 页“动手动脑学物理”第 1、2、3、4、5 题。

（三）联系生活与个人体验，拓展思维能力。

综合我们学过的电学知识请你归纳出“测量小灯泡电阻”与“测量小灯泡电功率”的异同点。

自我巩固

在测定小灯泡功率的实验中：

1. 除了待测灯泡外，选用了电流表、电压表、滑动变阻器、开关和导线若干，要完成该实验还必须有______________________。

2. 在下面线框内画出用上述器材组成的实验电路图，并标出电表的“+”“-”接线极。

3. 在实验接线时开关处于________状态，滑动变阻器的滑片 P 的位置如图 4-2-9 所示，如果要求滑动变阻器接入电路后，不移动滑片 P，就可以直接闭合开关，则必须将________和________接线柱接入电路。

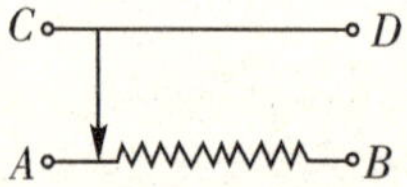

图 4-2-9

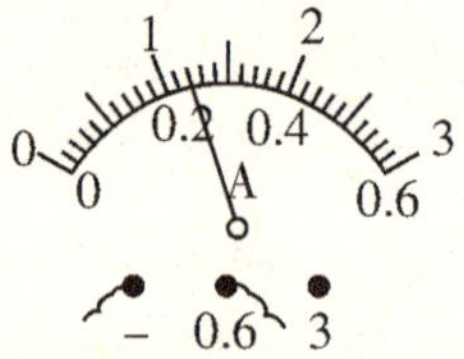

图 4-2-10

4. 已知小灯泡的额定电压是 2.5 V，闭合开关后，小灯泡两端电压为 2 V，调节滑动变阻器时，应注意观察__________直到__________为止。

5. 当小灯泡正常发光时，电流表示数如图 4-2-10 所示，为________ A，则待测小灯泡的功率为__________ W。

6. 实验中某同学连接好电路，闭合开关后电压表示数为 2.0 V，电流表示数为 0.16 A，他调节滑动变阻器的滑片 P，在调节过程中发现电压表和电流表示数始终不变，产生上述现象的原因是__________________________

____。

7. 实验中另一位同学连接的电路闭合后，无论如何移动滑动变阻器的滑片

P，发现电流表的指针虽有偏转但不变化，而电压表的示数则始终等于电源电压值，产生上述现象的原因是____。

8. 实验中有一位同学在闭合开关后调节滑动变阻器，发现电压表示数减小，灯泡变亮；电压表示数增大，灯泡变暗，产生上述现象的原因是____。

9. 此实验能否测出小灯泡灯丝的电阻，为什么？两实验有何区别？

10. 已知灯泡 L 标有“4 V，4 W”字样，滑动变阻器阻值为 0 ~ 8 Ω，如图 4-2-11 所示，当滑片滑至端点 a 处时，小灯泡能正常发光，当滑片滑至变阻器中点时，小灯泡的电阻和实际功率分别为（　　）

A. 4 Ω，1 W

B. 1 Ω，4 W

C. 4 Ω，8 W

D. 12 Ω，1 W

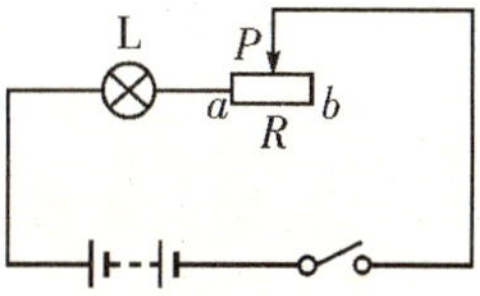

图 4-2-11

本节小结

1. 伏安法测小灯泡电功率的实验，需要用________测出小灯泡两端的__________，用______________测出通过它的______________，根据公式__________就可以算出小灯泡的功率。

2. 一盏“220 V，100 W”的灯泡，接入 110 V 的电路中，它的额定功率是__________ W，实际功率为__________ W，它的亮度比正常工作时的亮度要__________。

3. 用久了的白炽灯通常要比新买来时暗，这主要是因为灯丝发生升华时变__________，电阻变__________，当电压不变时实际功率__________。

4. 电灯灯丝断了再搭上，电阻变________，当电压不变时实际功率________，灯泡的亮度________。

反思录

学习过程反思（这节课的收获）				
错题反思				
题号	错题关键	错题分析	正确解法	规律总结

附：导学稿设计 3

课题：第十八章第四节《焦耳定律》 **课型：新授**

执笔人：冯昌盛 **审核人：九年级物理备课组**

【目标】

基础目标	A	B	C
（1）知道电流的热效应。			
（2）知道焦耳定律和知道电热的利用和防止。			
（3）通过探究，知道电流的热效应与哪些因素有关。			

续表

发展目标			
重点：通过实验探究电流的热效应与哪些因素有关，总结得出焦耳定律。			
难点：从电热的利用和危害辩证地分析问题。			
注明：选 A 是通过自己先学能解决知识点；选 B 是通过小组互相研讨可以解决的；选 C 是通过同学也不能解决的知识点。			

【学法指导】

运用“转换法”和“控制变量法”探究电流产生的热与哪些因素有关，根据焦耳定律计算电流产生的热量。随着社会的进步，电热的利用和防止越来越受到重视，学习时应加强理论和实际的联系。题型主要有选择、填空、实验、计算等。

【学习过程】

一 自主预习

请阅读课文，并完成以下预习检测。

1. 电流通过导体时______________________________，这个现象叫做电流的热效应。

2. 实验表明：在________、__________相同的情况下，电阻________，产生的热量越多；在____________、____________相同的情况下，电流__________，产生的热量越多。

3. 电流通过导体产生的热量跟________________________成正比，跟__________成正比，跟__________成正比，这个规律叫做焦耳定律。计算公式是：____________________________。

4. 下面的用电器中，属于利用电热的是（　　）

   A. 电饭锅　　B. 洗衣机　　C. 电风扇　　D. 电视机

主动研讨

（一）自主学习反馈：展示交流预习成果。

生活中许多用电器接通电源后，都伴有发热现象产生，使用这些用电器时，热量是从哪里来的？产生热量的多少与什么因素有关？

（二）课堂互动探究，学习新课。

1. 电流的热效应

【阅读】阅读课本第 99 页的内容。

【得出结论】电流通过导体时电能要转化成__________，这个现象叫做电流的热效应。

2. 电流通过导体时产生热的多少跟什么因素有关

【猜想】____

（1）【演示】观察课本第 99 页图 18.4-2 的演示实验。

【思考】两容器中的金属丝串联起来接到电源上的目的是__________。

【现象】实验中电阻比较大的容器中空气的温度升得较__________，产生的热较__________。

【得出结论】实验表明：在__________和__________相同的情况下，电阻越大，产生的热量越__________。

（2）【演示】观察课本第 100 页图 18.4-3 的演示实验。

【思考】本实验控制的变量有__________。

【现象】实验中通过电阻的电流越大时煤油温度升得较__________，产生的热较__________。

【得出结论】实验表明：在__________和__________相同的情况下，

通过导体的电流越大，产生的热量越________。

3. **焦耳定律**

【阅读】阅读课本第 100 页的内容。

【得出结论】

（1）电流通过导体产生的热量跟电流的____________成正比，跟导体的________成正比，跟通电的_______成正比。这个规律叫焦耳定律。用公式表示为________________________。其中 Q 表示_______，单位是_______；I 表示_______，单位是_______；R 表示_______，单位是_______；t 表示_______，单位是_______。

（2）生活和生产中经常要用到电热，如电炉、电热水器等都是利用电热的例子，这些用电器称为电热器。有些用电器工作时把电能全部转化为热能，而没有同时转化为其他形式的能量，对于这些用电器来说，Q = _______，所以计算电热公式可写为：

Q = _______ = _______ = _______ = _______ = _______。

（3）为什么电炉丝通电后热得发红，而与它相连的铜导线却不怎么热？

因为电炉丝与铜导线_______联在电路中，通过它们的电流_______，但电炉丝的电阻比铜导线电阻要_______，根据焦耳定律 Q = _______，因而在相同的时间内电流通过电炉丝时产生的热要比铜导线_______。所以电炉丝发红，而导线却不怎么热。

【针对训练】课本第 102 页“动手动脑学物理”第 1、2、3、4、6 题。

4. **电热的利用和防止**

【阅读】课本第 101 页的内容。

【得出结论】

（1）写出你知道的利用电热的用电器：_______、_______、_______。

（2）有些用电器工作的目的并不想利用电热，而是把电能转化为其他形式的能（除热能外），如电动机工作时主要把电能转化为_______能；电视机工作时主要把电能转化为________能，所以电热就会变成有害。

它会使用电器温度 __________，损害用电器，此时需采取散热措施。你知道用电器的散热方法有：

①____________________________________，如____________________；

②____________________________________，如：__________________。

【针对训练】课本第 102 页“动手动脑学物理”第 5 题。

（三）联系生活与个人体验，拓展思维能力。

课本第 101 页“想想议议”。

自我巩固

1. 有几位同学课后讨论电流通过导体产生热量这个现象时，发表了以下几种意见，其中错误的是（　　）

   A. 当导体两端的电压一定，通过的电流一定时，通电时间越长放出的热量就越多

   B. 只要导体的电阻大，通电时间长，放出的热量就一定多

   C. 电流通过导体放出热量的过程，就是电能转化成热能的过程

   D. 如果导体的电阻为零，无论通过的电流多大，通电时间多长，导体都不会发热

2. 电熨斗通电一段时间后，熨斗面很烫，而连接电熨斗的导线却不怎么热，这是因为（　　）

   A. 导线电阻远小于电熨斗的电阻，导线消耗的电能少

   B. 导线的散热比熨斗快

   C. 通过导线的电流小于通过电熨斗的电流

   D. 导线外的绝缘皮隔热

3. 下面几个用电器属于利用电流热效应工作的是（　　）

A. 电冰箱　　B. 洗衣机　　C. 电视机　　D. 电饭锅

4. 将材料、粗细相同，长短不同的两段电热丝串联起来，接在电路中，通电一段时间后，下面的说法中正确的是（　　）

A. 通过两段电热丝的电流相同，产生的热量相同

B. 通过两段电热丝的电流相同，产生的热量不同

C. 通过两段电热丝的电流不同，产生的热量相同

D. 通过两段电热丝的电流不同，产生的热量不同

5. 周勇同学有一个电炉，在“防流感时期”，为了熬制预防“流感”的中药，他想使这个电炉在单位时间内放出的热量减小一半，以满足熬制中药需要文火的要求，他与几位同学商量后，想采用以下几种措施，你认为其中可行的是（　　）

A. 将电炉的炉丝剪短一半，接入原来的电路中

B. 将电炉的两个炉丝串联在一起，接入原来的电路中

C. 将电炉的两个炉丝串联在一起，接在电压为原来电路中电压的一半的电源上

D. 将电炉的炉丝剪短一半，接在电压为原来电路中电压的一半的电源上

6. 标有“220 V，50 W”的电烙铁接在220 V的电源上，求：

（1）它的发热功率；

（2）每分钟产生的热量；

（3）1小时用电多少度？

7. 图4-2-12所示为研究电流的热效应与哪些因素有关的实验装置。装置中甲、乙两瓶中的电阻丝的电阻是__________的（填“相同”或“不同”）。电路中的滑动变阻器用来改变电阻丝中__________的大小，瓶中

煤油温度上升越快，表明电流产生的热量越__________（填“多”或“少”）。

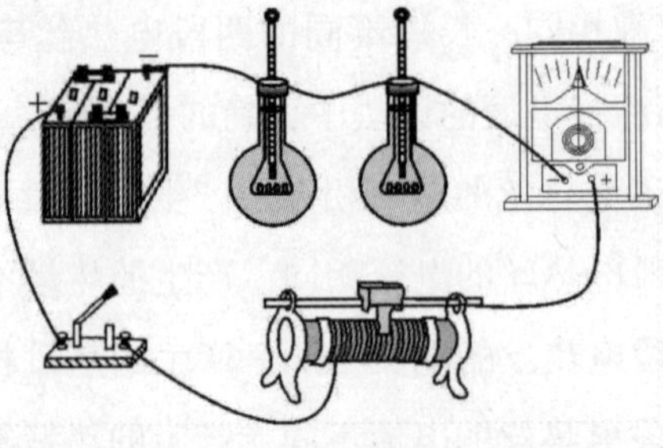

图 4-2-12

8. 曹莹莹同学将一段阻值为 18 Ω 的电热丝接到电源上，经过 3 min 产生的热量是 1 440 J，当她将一段阻值为 6 Ω 的电热丝接到这个电源上时，2 min内产生的热量是多少？

9. 电路图 4-2-13 中，电阻 R_1 和 R_2 并联后，接到 6 V 的电源上。若开关闭合后，电流表 A_1、A 的示数分别为 0. 1 A 和 0. 3 A。求：

（1）电阻 R_1 的阻值；

（2）通过电阻 R_2 的电流；

（3）电阻 R_1 的发热功率。

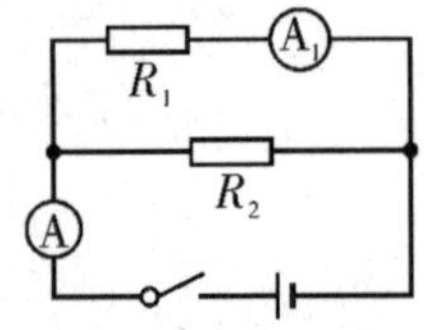

图 4-2-13

本节小结

1. 电流的三大效应是：__________、__________、__________。
2. 电流通过导体时__________能转化成__________。这个现象叫做__________。导体中通过的电流越大，热效应就越明显，最早对此现象得出结论的科学家是__________。
3. 实验表明，电流通过导体时产生的热量跟__________成正比，跟导体的__________成正比，跟__________成正比，这个规律叫做焦耳定律。可以用公式__________表示。
4. 电流产生的热有利也有害，比如电流通过热水器、电饭锅产生热是我们________________电热；电流通过电视机、计算机产生的热是我们要__________，要尽快散发出去。不过有时为了给电视机、计算机去潮，要通一会儿电，这是我们__________电热。

反思录

学习过程反思（这节课的收获）				
错题反思				
题号	错题关键	错题分析	正确解法	规律总结

第五章　在研究性学习活动中实施小组合作式学习

第一节　概　述

现代教育观指出：教育应以学生为本，倡导学生自主学习、协助学习和研究性学习，其中协助学习是以学习小组为单位的合作学习，以培养学生的团队合作精神，通过取长补短，从而提高学习课堂效率。在合作学习过程中，学生之间的关系是互相依赖、互为促进的关系，共同学习目标和责任，完成探索学习任务。

研究性学习是教师或其他人不把现成结论告诉学生的前提下，以问题为载体，让学生通过小组合作式学习研讨、分析、收集和处理信息来实际感受和体验知识的生产过程，培养分析问题、解决问题的能力和创造能力。而研究性学习中的一种重要学习方式之一就是小组合作式学习，通过小组合作式学习培养了学生主动参与意识、互助交流意识，团队合作意识，有利于学生自我意识的形成和发展。

研究性学习和合作式学习其实是相互联系的，合作学习是研究性学习的基础，研究性学习又会促进合作学习，小组合作式学习是研究性学习活动中的一种重要学习方式。初中物理课程注重从生活走向物理，注重科学探究，提倡学习方式多样化；而初中物理课堂教学中实施研究性学习，能很好地让学生通过亲身的经历和体验科学探究活动，激发对初中物理学习的兴趣，增进对科学的情感，理解科学的本质，学习科学探究的方法，初步形成科学探究的能力。

第二节　在研究性学习实施合作学习教学案例

研究性学习着眼于改变学生的学习方式，目的是为了学生学习兴趣的满足和综合能力的提高，强调学生对所学物理知识应运用到社会生活中去，从而在知识与技能、过程与方法和情态与价值观等方面得到升华。小组合作学习是研究性学习的基本组织形式和主要活动方式。研究性学习能否达到预期目标，在很大程度上取决于小组合作学习的效果如何，所以对小组合作学习在研究性学习中有关问题进行探讨很有必要。

一、初中物理课堂教学中研究性学习的特点

初中物理课堂教学中研究性学习的特点应包括以下几点：

1. 创设问题情境，发现并提出新问题

杜威曾指出，教学法的要素与思维的要素是相同的。其中首要的一条就是学生要有一个真实的经验情境，以此为出发点，才有期望获得正确探索理论的科学方法。教师为学生创设一定的问题情境或提出研究任务，即建立问题的初始状态应该是研究性学习的第一阶段。

2. 引导认知操作，经历和体验研究过程

研究性学习强调学生的自主性、探索性，学生是学习的主体，在问题的操作过程即问题的解决过程中，教师是引导者，其作用是诱发学生自主探索动机的最佳“心理场”。教师应相信学生的主观能动性和潜能，努力让学生成为发现者、研究者、实践者。

3. 拓展目标状态，引发学习环境的开放

初中物理课堂教学研究性学习的实施，其内容大多是课本上所特有的，但它来源于学生的学习生活和社会生活，它应该成为学生所关注的问题。在同一主题下，由于个人兴趣、经验和研究活动的需要不同，研究视角的确定、目标的定位、切入口的选择、研究过程的设计、研究方法、手段应用及结果的表达等也可

能各不相同，具有很大的灵活性，这就为教师、学生的个性特长的发挥，提供了广阔的空间，从而形成了一个宽松、和谐、开放的学习环境。学生提出的问题通过实验研究解决后，在教师的鼓励下投以更大的热情，提出更多新的问题，去探索，去研究，以延伸课堂教学。下节课上，学生会带着更多的问题走进教室，走进研究性学习。

二、初中物理课堂教学中研究性学习的实施

初中物理课堂教学中，一般可以“以教材知识点为基点，以开放性问题为线索，以问题探究的形式，引导学生进行研究性学习”；也可以课前布置学生列出预习提纲，包括知识层次、知识结构、重点以及实验探究的设计思路、需要提供保障实验成功的器材、实验步骤以及读不懂、思不透的疑难问题；然后在课堂上展开实践、探究、交流以获得新知识、归纳得出新规律；在此基础上，教师布置开放性的课后练习，以便于学生巩固课堂知识并养成积极思考、主动探索的习惯，从而促进研究性学习的发展。

笔者在近两年的教学实践及反思的基础上，觉得研究性学习理念指导下的初中物理课堂教学，按学习内容可分为：分析比较型、理论分析型。一般的课堂教学程序可定为：确定目标→设计方案→操作研究→得出结论→分析总结。其中学生的活动是：提出问题→猜想与假设→设计实验或查阅资料→实验操作或收集资料→分析现象并讨论研究→总结归纳得出结论→获取新知引发新的思考。而教师的活动则是：创设问题情境→点拨指导→反馈信息→适度评价→布置新任务。

下面我通过教学实例来阐述课堂教学中如何实施研究性学习——《流体压强与流速的关系》的课堂教学。

这节课重点要解决的是通过探究得到流体压强与流速的关系，并能应用流速与压强的关系解释生活中的简单现象。那么教师如何创设问题情境，展开课堂教学，并将学习延伸到课外，是摆在我面前的有待解决的问题。（如：在上《流体压强与流速的关系》这一节课时，为了能更好地创设问题情境，用摄像机预先拍好“水把乒乓球顶着”录像和买些光碟将相关内容剪辑在课堂后播放。）

（一）明确研究目标

笔者在课前，预发一份研究性学习课题研究计划书，内容如下：

《流体压强与流速的关系》学习课题研究计划书

<table>
<tr><td>课题名称</td><td></td><td>填报日期</td><td></td></tr>
<tr><td>课题组长</td><td></td><td>小组序号</td><td></td></tr>
<tr><td>课程组成员
（6 人左右）</td><td></td><td>成员分工（实验设计、操作交流评估）</td><td></td></tr>
<tr><td>课程背景
（可由教师填写）</td><td></td><td>已有知识与
技能分析</td><td></td></tr>
<tr><td>猜想与假设</td><td colspan="3"></td></tr>
<tr><td rowspan="3">实验设计方案</td><td>1. 所用仪器</td><td colspan="2"></td></tr>
<tr><td>2. 需要测的物理量</td><td colspan="2"></td></tr>
<tr><td>3. 实验步骤</td><td colspan="2"></td></tr>
<tr><td>实验现象</td><td colspan="3"></td></tr>
<tr><td>结论</td><td colspan="3"></td></tr>
</table>

学生在课前（如放假时间），通过阅读课本，查找资料（可以是上网查、查阅资料、小组讨论、访问专家等方式）以书面形式尽力完成课题研究书，小组长做好分工和负责执笔完成填写，各个组员都有不同的任务，为了对个组员工作成效如何，先让组员自评，再让组长对他们进行评价，最后还有指导老师对各个课题研究书进行评价、评比等形式。

（二）提出问题、猜想并假设

新课开始后，在教师的引导下，学生依据本小组的讨论，纷纷汇报各自研究的课题，围绕本节课来提出需要解决的各种课题。

如：小组 1，课题 1：是不是吹硬币就一定可以“跳起来”？为什么？应怎样吹？是什么原因？

小组2，课题2：流体压强与流速有何关系？

小组3，课题3：（1）往悬挂的两个乒乓球中间吹气，为什么不是分开而是靠拢？（2）两球靠拢的原因是什么？

小组4，课题4：用一条直尺往两艘纸船之间划水，为什么两艘纸船会靠近，而不是越来越远？

小组5，课题5：为什么那么重的飞机能飞起来？它的机翼有什么特点？

小组6，课题6：为什么人在等火车时，都要站在安全线外？

小组7，课题7：往竖直向下的两张纸吹气，两张纸怎样运动？为什么？

明确研究课题后，各学习小组学生一一交流自己的想法，提供对某一课题猜想的理论依据、设计实验、进行实验、分析实验现象和得出结论。

例如，对于课题1：学生猜想：是否由于吹气时，硬币上方的空流流速大，上方的压强比下面小，下面的空流将硬币托起。理论依据：硬币的质量、重量、体积等都没有变，变的只是吹气的时候，硬币的上、下表面的空气流动速度变了，上、下压强变了，产生了向上压强差，从而把硬币托起来了。

引导学生，让学生明白我们无论是进行实验或思考问题，都常用的研究方法是：控制变量法。

（三）设计实验并进行实验

对于“比较不同物质的吸热能力”这一实验探究课题，学生根据对以上课题2、3的猜想，既然影响物质吸热的多少跟物质的种类、质量、升高的温度有关，那么就可以采用控制变量的方法来展开研究。有的选择了方法一：不同物质，在质量相同，升高相同的温度时，比较它们的吸热多少；有的选择了方法二：不同物质，在质量相同，吸收相同的热量时，比较它们升温的多少；对于方法三，几乎没有学生选择，原因是很难实际操作。同学们经过修改并完善自己的研究计划书，讨论确定了以上的实验思路，然后就本探究实验课题所需要的实验器材、实验条件进行分析讨论。（1）选择两种不同的物质：有的选择常见的砂和水，但感到成功可能性差，因为砂的传热很不均匀，且很慢，也很难测温度的变化；而选择水和煤油，效果则更好，这也向教材的权威性提出了挑战，也正是研究性学习所需要的。(2) 选择合适的测量仪器：天平测质量，温度计测温度。随着讨论的深入，同学们发现：目前没有任何仪器可以直接测出吸热的多少。此时教师及时引导点拨可以根据加热时间的长短来感知吸热的多少，加热时间用停表测量。(3) 要比较水和煤油的吸热多少就必须保证它们在相同的加热条件下进行，即用相同的酒精灯燃烧或相同功率的电热器通电（通过变压减慢加热速度），水和煤油盛放在相同的容器中（大量筒），用相同的温度计来测量它们的温度。

选择该课题的学生阐明自己的观点，其他组学生纷纷发表自己的见解后，全体学生都明确本实验探究的方法、实验器材及所需要测的物理量及实验记录表。

对于方法一：需要测量的物理量如下表1。

表1

$m=200$ g　（保证升高相同的温度）

物质	原来的温度（℃）	加热后的温度（℃）	升高的温度（℃）	加热时间
水				
煤油				

对于方法二：需要测量的物理量如下表2。

表2

$m=200$ g　（保证加热时间相同）

物质	原来的温度（℃）	加热时间（s）	加热后的温度（℃）	升高的温度（℃）
水				
煤油				

在此基础上全班同学动手实验操作一起来探究：比较不同的物质的吸热能力。在学生实验过程中，教师随时巡视、指导、点拨，确保每个学生参与实验操作，经历实验过程，感悟探究方法，学会收集实验信息，学会分析比较，归纳得出结论。

（四）分析现象，总结归纳

学生通过实验，收集到了实验的信息及数据，分别记录在表1、表2。各小组负责交流评价的学生站出来纷纷表述自己的观点。对于表 1 有以下结论。结论 1：质量相同的水和煤油，升高相同的温度，水的加热时间长；结论 2：质量相同的水和煤油，升高相同的温度，水吸热多……学生有多种合理的答案，经过师生讨论最后的结论是：质量相同的不同物质，升高相同的温度，吸收的热量并不相同。对于表 2 有以下结论：结论 1：质量相同的水和煤油，加热时间相同，水升温少；结论 2：质量相同的水和煤油，吸收相同的热量，水升温度少……最后师生得到共同的结论：质量相同的不同物质，吸收相同的热量，升高的温度并不相同。归纳以上两个结论，共同说明了一点：不同物质吸热能力不一样。这个时候，就很自然地引入了比热容这个物理概念来表示物质的吸热（放热）能力，学生通过具体的实验，感知并理解了比热容这个抽象的概念，符合学生的认知规律，学生自始至终通过独立提出问题，共同参与活动探究，体验过程，归纳总结，形成新的知识，并在此基础上解决课题 4、5。

（五）布置作业，拓宽学习环境

新课即将结束，有的学生提出新的问题：既然不同物质吸热能力不一样，那么竹筷与不锈钢汤匙传热的本领一样吗？不同的液体（如水和煤油）传导热的本领是否一样呢？它们传热的快慢跟哪些因素有关？有怎样的关系呢？等等。至此，学生已对许多常见的物理现象产生了浓厚的兴趣，希望通过主动探究去发现新问题，探索并能很好地解决这些问题。然后在探究的基础上反思形成有自己独特见解的小论文等。初中物理课堂教学中研究性学习的实施已延伸到课外，相信学生一定会在更广阔的研究性学习领域中培养自己的创新精神，发展创新能力。

三、在研究性学习实施小组合作学习的注意点

（一）注意选题

由于研究性学习有很强的实践性、开放性和自主性，教师与学生在选择课题时应考虑到学生的原有的知识基础、能力、水平等因素，选择适合学生开展研究的课题，把好选题这一关，笔者在实践中主要从以下几个方面进行选题：

1. 浸透科学家及其科学研究的方法，科学态度和科学精神的介绍。如欧姆

定律的建立、焦耳定律、电生磁现象及电磁感应现象、牛顿第一运动定律、阿基米德原理、功的原理。

2. 选取教材中的适当内容，指导学生开展研究性学习。如音调、电阻大小、滑动摩擦力大小、动能大小、重力势能大小、液体内部压强大小等影响因素，速度、压强、功率、电功率、比热容等概念的建立。

3. 结合教学过程中所遇到的问题，引导学生开展研究性学习，如导体的绝缘能力、传热能力、导电能力等。

4. 结合当地生产、生活实际，将课堂学习推向课外。如热机的使用带来的环境整治，光污染、声污染、热污染的研究等。

（二）加强管理

无论是学生填写研究计划书，还是课堂上的探究过程、课后撰写论文、继续探究新问题，教师都应加强纪律管理和安全指导，成为学生研究性学习的参与者、指导者、合作者、组织者、学生研究性学习情感体验的培育者以及教育资源的开发者。

（三）注重评价

过程评价和结论性评价相结合。过程评价注重学生的参与、关注学生的投入、努力的程度；结论性评价考虑学生归纳得出正确结论的能力。相信通过评价一定会激励学生积极开展课堂内外的研究性学习，发展学生的创造能力。

反思近几年的教学实践，研究性学习突出了“以人为本”的教学理念，最大限度地激发了学生的主观能动性。在课堂教学过程中，丰富的感性认识、常见的物理现象和实际问题，极大地激发了学生的思维，掌握了一般物理问题的研究方法，培养了学生的创新精神，也拓宽了学生学习的空间。在研究性学习过程中，各小组成员之间的协作帮助，又使学生的人格和创造力、积极向上的生活态度、和谐的人际关系得到了培养和提升，促进了学生的全面发展，而教师的专业发展水平也随学生的发展而得到提高。

初中物理课堂教学中研究性学习的实施，势在必行。相信在以后的教学过程中，会产生更深远的影响。

第六章　自主合作式在物理概念教学中的应用

第一节　概　述

概念教学是初中物理教学的重要组成部分，它是我们初中教学的重点和教学目标。概念教学可以设置两种任务：概念绘图和操作绘图。概念绘图是指能激发学生去谈论概念之间有意义的结论和抽象的联系，如我们在讲到牛顿第一定律的内容时，及时引导学生联系到真空不能传声的概念，它们都不能通过实验来直接验证，都是在一定实验基础上，经过大量推理概括得出来的。而操作绘图在引出具体现象概念方面联系要比概念绘图更方便，如在引导学生量化研究 s 和 t 数据，并作出 s-t 图象，很自然地引出匀速直线运动的概念。

物理是学生普遍认为学习难度较大的学科，不少学生在学习这门自然科学时都表现出很强的不适应性。即使是一些学习成绩较好的学生，在物理学习中也出现了问题。初中的物理课程对不同的知识内容有着不同层次的要求。在这种情况下，如果使用传统的教学形式，课堂的效率必然差强人意。因此，选择合适的教学方法势在必行，笔者在实践中选择自主合作式学习方式组织教学。本文就该模式的实施意义以及概念教学的具体策略进行探讨，望能有助于教学。

合作学习方式包含生生合作、师生合作这两种主要方式，是传统的灌输式教学模式的替代品，是推动教学可持续发展的利器。合作学习可以让学生投入到概念学习中，学生通过自己将概念的理解说出来，合理推出科学的概念，回答问题，通过小组的成员互相交流、对比、修正和评价等对概念学习会更有成效。

为什么要实时自主合作式学习呢？下面首先分析下当前的教育背景。

1. **教育环境民主化**

在传统社会里，政治的影响力渗透到社会的各个角落，教育是为了统治阶级服务，因此“师束生长”，教育设置种种藩篱，压制着学生成为统治阶级需要的人才，教育被政治完全操纵着。

在现代信息社会里，信息无孔不入，以各种形式充满了人类社会的各个角落，政治无法以传统的方式扩展其影响力以致完全操纵教育，“硬着陆”只会使学校教育丧失其生命力，政治的民主化使教育为政治服务的内涵发生了变化。随着政治民主化进程的加快，我们的教育内涵也在逐步地转变，目前“为哪个阶级服务”的口号再也听不到了，教育变成了“为整个社会服务”，新时期对学校教育的研究进入到本体论的深度。

民主化意味着对学生本体存在的肯定。学生是独立的个体，教育不再是为了培养一代代“顺民”，新课程改革前，因为社会或阶级的需要，教育从上层往下统一格式，学生被教成一个个统一格式的成品。换一种教学方式，结果学生又被教成另一种模子刻出来的成品，这样的教育不是因材施教，未能做到“位育”。

新时期教育环境变得民主化，当然，教育还是要受到政治的影响，不过不是专制与压制，而为了维持共同的生产秩序，保持共同的生活节奏，提升人的整体素质。在民主化的教育环境内，教师和学生都是身心自由的个体，相互影响，民主渗透于整个教育过程，民主主义者在师生谈话、交流、互动的教育过程中成长。

2. **教育内容的广化**

信息化时代的到来，让教育内容发生了根本的变化，教育领域内的知识不再局限于成型的知识，而是信息。知识是信息，信息不一定是知识，知识以信息的形态存在，而信息以爆炸的方式展现。信息化促使固化知识出现松动，打破了原有的知识框架。新时期对知识的需求不仅仅是终端式知识，还产生了对获取知识的方法的需求，信息日新月异需要我们老师不断更新扩容充电，除了要掌握信息外，更重要的是要掌握获取知识的方法。同时，学生的信息掌握量和获取信息的技巧未必不如教师，因此我们的教育应着力于与学生共同研讨信息化时代学习的过程与方法。学生只有拥有了学习的方法，才能终生掌握开启学习之门的钥匙。

此外，新时期教育的意义也发展了变化，教育内容不仅仅是停留在传授科学与人文知识的层面，教育被扩展到生命本质知识的获得与延展，“教育即生活！”“生活即教育！”教育成为了生活的一部分，教育促成了个体科学世界、人文世界和生活世界的统一。

教育的内容范围不断地扩大，学习成了学生不断适应社会日新月异发展的需要。对于学生而言，学习的目标，也不再仅仅是为了获取现成的知识，而是为了掌握各种技能，完善人格，学会生存，学会关心。当然，为了适应日新月异的社会发展，教师同样需要学习，所以教师在学会生存这个方面和学生是同伴的关系。

3. 教学模式层出不穷

一轮又一轮的课程改革，让我们对学习的认识越来越全面，学习对人而言不只有工具性的意义，还具有存在论的意义。

教育目的在于让学生自己清楚当下的教育本质和明白自己内心意志的呼唤，在于个体的精神成长。当然在此过程中，我们教师也应该知道我们能够奉献什么，自己精神上需要什么。“学习是人的主体性的展现，个体在学习中的选择和发展，归根结底是他必须独立完成的事情。既不可推卸，也不可替代。不珍惜和认真对待学习，就是放弃了人生应有的人之为人的主体权利，是对人生的自我否定和浪费。”

当前教育背景下，各种教学模式层出不穷，唯有自主合作学习模式能够最终沉淀下来成为了主流学习模式。实践经验表明，合作学习是一种生态化的教学模式，落脚于一种生生和谐的理想境界，各个层次的学生在其最近发展区内自由发展，课堂上呈现出激进思考、执着追求，同时又不失坦荡欢畅、温润中庸的太和气象。

第二节　物理课堂实施自主合作式学习的优越性分析

一、合作学习是满足学生自身发展需要的教学和学习方式

初中学生的自我意识在学习和生活中越来越多地得以体现，学生之间在交往中的和谐关系能为学生带来良好的学习和生活环境。学生希望自己在学习过程中能够有他人陪同和监督，希望自己在遇到难以解决的问题时能够从同伴或老师那

里获得及时有效的帮助与指导。合作学习能满足学生的心理需求，通过合作学习，学生能够进行交流和讨论，相互监督、共同成长。

学生的思维方式也与以前有较大区别，抽象逻辑思维在进一步的发展中从“经验型”向“理论型”转化，辩证思维越来越多的出现在学生的学习和生活中。在物理学习中，初中学生的思维的抽象概括性不断提高，能够以理论作指导，运用辩证思维来分析、整合各种事实材料，从而不断完善自己的知识结构。初中阶段是学生心理特征的定型期，也是培养学生能力的关键时期。但是学生的这些能力都不是短时间内形成的，不可能在进入初中时就有着较高的水平，大部分学生都不具备成熟的能力，不能独立解决问题。此时，同学和老师的监督和帮助就为能力的培养提供了基础和氛围。教师以培养学生的各种能力为目标，合作学习就成了恰当的选择。

二、合作学习是促进学生实现自我角色转变的教学和学习方式

目前的初中学生“自我中心”的意识特征明显，有过强的好胜心及自私心态，不懂得和他人友好相处的方式。学生的大部分时间都是在学校中以集体形式度过的，因此，学生间的合作是必不可少的，是学生生活的重要组成部分。学生在完成作业、交流学习经验、议论课外话题以及讨论各种问题时，讨论和交流是主要形式，这些都属于合作的一部分。因此，从学生的特点出发，在初中教学中开展合作学习有利于学生提高与他人合作和交往的能力，完成自我角色转变，逐渐远离“自我中心”的心态和行为习惯。

三、合作学习是适应概念特点的教学和学习方式

初中物理对于学生要求较高，主要是要求学生能在观察实验的基础上抽象出理想化的物理模型并建立概念，并且在此基础上分析详细的物理过程，能利用物理规律解决一些实际问题。相比于初中物理学习，初中物理学习的内容范围更广，层次更高，内容更抽象。因此，在经过一段时间的学习之后，学生的能力差异就完全体现出来。此外，初中物理教学中必然要有更多的拓展，用以打开学生的视野，启发思维。

第三节　初中物理合作式概念教学的具体策略

一、注重问题引领

物理课堂提问是优化课堂教学的必要手段之一。通过提问，引导学生进行回忆、对比、分析、综合和概括，达到培养学生综合素质的目的。教育心理学揭示，学生的思维过程往往是从问题开始的。有了问题，思维才有方向；有了问题，思维才有动力；有了问题，思维才有创新。而课堂提问是落实教学目标，促进师生之间进行信息互动交流的重要手段。

例如，在探究“滑轮组的机械效率”这个问题时，可以给学生提供具体的情境，然后提出一系列的问题，引导学生以学习小组为单位进行思考、讨论。

问题1：人对物体直接做功了吗？

问题2：人对滑轮组做的功和滑轮组自身做的功一样多吗？为什么？

问题3：哪个做的功是有用功？哪个做的功是总功？如何计算？

学生通过小组合作学习，回答出这一系列的问题，那么学生也就能很好地理解滑轮组的机械效率这部分知识了。

此外，物理中有许多概念、规律，学生常常容易混淆，因此我们在学生合作学习前首先要做到设反问、辨是非，这对于分清一些容易混淆的概念最为适用。

例如，在学生学完“功”和“功率”后，可以提出如下问题引领学生讨论、交流。

问题1：做功多的机械功率一定大吗？

问题2：功率大的机械做功一定多吗？

问题3：“功”与“功率”有联系吗？

学生在讨论、交流、辨析的过程中，有质疑的、有释疑的，思维得到了启发，这对概念的深化作用很大。

二、注重建构概念前的感知情节

在物理概念教学中，要给学生提供足够的感性材料，如列举生活中熟悉的例子、观察模型，或进行实验等，让学生在获得感性认识的基础上，提出问题，引导学生进行猜想、分析、讨论、设计，引导学生找出观察到的现象的共性、本质属性，通过小组成员互相讨论、修正，再在老师引导下，让学生正确地形成概念，进而推导出物理概念的定义式和理解其单位。如果我们忽视感知环节的创设，容易导致学生概念的不理解或理解不够透彻。例如在讲密度概念时，可以按照这个步骤：（1）给学生提供三块体积相同的铝、铜和铁长方体，让小组的学生分别用手来比较，比较其质量是否相同。（2）将质量相同的三种不同液体分别放入到三个相同的量筒中，比较它们体积的大小，让学生从具体的例子中感悟出物质的一种特殊性质，即“体积相同时，不同物质的质量不同；质量相同时，不同物质的体积不同”。（3）引导学生思考：“我们可以根据物质的颜色、气味来辨别不同物质，但如果它们的颜色、气味都相同时，还有什么方法可以鉴别它们?”通过合作学习，达成小组目标，这时老师再引导学生得出密度的概念、定义式和单位。

三、注重概念物理意义的理解

物理概念是经过实验、数据分析、概括、推理等思维过程才归纳出来的。由于初中学生的认知水平、理解能力、思维能力相对比较弱，经过大量教学研究知道，学生只有认识概念的物理意义，才能更好地掌握这个概念，才能增强学生主动学习的自信心，这些往往单靠一个学生不能很好地完成，这就需要小组的成员互相协助、共同完成。概念的物理意义是指构建该物理概念的本质原因，它对物理学本身的发展或社会生活中有重大的意义。例如在讲授速度概念时，可以为学生创设与生活息息相关的情景：行驶的汽车和人跑步，谁快？你可以有哪几种比较方法？通过小组同学讨论、分析，教师再引导学生两种方法：（1）相同时间内比较运动路程的远近；（2）在相同路程内运动时间的长短，引导学生顺利得出“速度”的概念，学生对速度的物理意义就有了很直观的理解。另外，引导学生深入理解物理概念的同时，还应向学生强调概念的物理含义与概念定义的区别。

四、引导学生充分体验实验探究的过程

实验是物理学科的重要特点，也是形成物理概念必备的过程，我们在组织学生自主合作学习时，应该注重实验，引导学生相互合作充分体验猜想、探究、归纳的一整套科学探究过程。

例如，在引入“额定”的概念时，教师首先设问。

问题：当一个用电器两端的电压变化时，它的功率是否改变？

学生在问题的引领下猜想。有的学生由调光台灯的亮暗程度可以变化猜想到：当一个用电器电压变化时，它的实际功率发生改变。

猜想对么？学生在此基础上设计方案，对猜想结论进行验证，探究实验，测出数据，然后老师引导学生对数据进行分析，得出了“一个用电器的电压改变，电功率发生改变”的结论，同时还得出“电压越大，功率越大，灯越亮，甚至会烧坏用电器；电压过低，功率小，灯暗，即用电器不能正常工作”，从而引入了使用电器正常工作时的电压，即额定电压、额定功率的概念。

五、鼓励学生自我评价

(1) 教师要引导学生有针对性地自我评价。学生在自我评价时往往难以找到评价的目标。教师可以在合作学习的学案中加入自我评价的部分，依照教学环节的进行顺序依次展开评价。如：学习任务的完成情况，可设置选项：非常好、比较好、一般、不能完成。发言次数可设置选项：很多、比较多、一般、很少。题目设置的难度可设置选项：很难、较难、一般、容易。通过这些明显的评价项使学生了解自己需要在自我评价中有针对性地注重哪些方面，从而学会自我评价。

(2) 教师要引导学生有自觉性地自我评价。合作学习是学生自发进行合作并最终完成学习任务，获得知识和技能的，因此，学生的自我评价也应该是自发的过程。教师在教学中应注意培养学生的自觉性，从一开始的带领学生完成自我评价逐渐发展为以小组为单位自行完成自我评价。

第七章　导学合作式教学在物理课堂中的应用

第一节　概　述

新一轮课程改革，给教师带来了全新的课程理念。新课程标准提倡促进学生的自主性学习能力，教师在教学过程中要组织、引导学生积极参与、乐于探索、勇于实践、勤于思考。根据自主学习心理学有关理论，结合初中物理教学实践构建的初中物理教学自主学习模式，有利于落实新课程教学理念，促使学生自主探究学习，培养学生创新思维能力。

《基础课程改革纲要（试行）》要求教师要“培养学生收集和整理信息的能力、获取新知识的能力、分析和解决问题的能力及交流与合作的能力”。所以作为教师，我们应在实际教学中大力提倡自主、合作、探究的学习方法，使学生能够在教师的指导下进行主动地、有效地学习。初中物理教学中构建学生自主学习的模式，目的是鼓励学生独立思考和独立学习，培养学生自学能力，为终身学习奠定坚实的基础。

1. **突出学生的主体作用**

“先学后教”教学模式就是“以学生为本”的理念内化。在教学中，师生关系是平等的，老师要激励学生积极主动、参与、合作、探究到课堂的研讨，积极提出问题，并对所提的问题进行有依据的猜想，围绕猜想设计实验，进行实验，收集实验数据，进一步进行分析与论证，最后得出实验结论。当然，在巡查时应及时给予学生帮助、肯定和表扬，对学困生给予精心点拨，营造融洽的师生关系。

2. **发挥教师的主导作用**

物理教学的目的是通过对过程与方法、知识与技能、情感态度与价值观的培养来提高物理教学思想。围绕这个目的，积极开展自主学习和合作学习，同时还要将教师、学生和教材有机地融为一体，形成师生共同学习、互相探究的民主氛围，让教材成为物理知识与师生之间充满活力的介质，组成一个“学习联盟”，从而达到预想的教学效果。因此，教师必须深刻理解教情和学情，才能更好地将教材的内涵内化成教师的教育思想，才能将老师的所思所想通过课堂教学有效传授给学生，使教材的内容通过多种有效方法表现出来，从而调动学生学习的积极性。

“导学式小组合作学习”目的是充分教师发挥主导作用，将物理概念和知识点通过情景、问题和表演的形式呈现出来，让学生从这些情景中体会并形成概念，自觉地利用导学稿和教材进行先学，在先学过程中，向学生提供充分从事物理活动的时间和空间。引导学生正确理解和掌握物理的知识与技能、过程和方法，从而提高学习物理效率。

3. **发挥学生“学习联盟”的作用**

学生“学习联盟”是指由学习者（学生）和助学者（教师、专家和家长）共同构成，以共同完成一定的学习任务为目的的学习联盟（学习小组）。他们有共同目标——促进学生学习技能、沟通能力和合作能力等综合素养的提升，经常在一定的支撑环境中共同学习，通过相互对话、交流，进行人际沟通，分享彼此情感、态度和价值观，分享学习方法和学习技能等学习资源，在共同活动中形成相互影响，相互促进的人际关系，形成具有强烈的认同感和归属感的学习集体。

教师要引导学生学会学习，是“学会”变成“会学”的重要途径，提高学生的学习技能。“导学合作式学习”这种教学模式遵循学生身心发展的特点、符合学生认知规律，是启动学生主动学习的内因，教会学生学习的方法，从而促进学生的自学能力的提高。对于学生自学中存在的问题，可以通过小组的成员互相帮助，发挥“生教生”作用；另外，还可以通过教师点拨，在新知检测和回答问题时，鼓励学生积极参与回答、评价、修正等，从而培养学生的合作交流能力。

4. **优化课内解惑策略，提高学习效率**

美国哈佛大学教授兰·本达说：“你如果一半时间是学生的活动，你是一个及格的老师；如果是以老师活动为主，你是个不及格的老师；如果三分之二的时间让学生活动，这样的老师是好老师；如果四分之三的时间都给学生，你是个优秀老师；你要是把时间全部给学生，老师只是几句话而已，最多十分之一，你就是特级教师了。”“导学式小组合作学习”教学模式实行“教师少讲多导，学生多讲多思”的方针，留给学生足够多时间和空间，让他们去探索和感悟。

第二节　导学合作式教学构建

导学合作式教学可以从以下几方面构建体会：

一、确定“自导”的教学模式

所谓“自导”是指学生在老师指导下进行自定向、自运作、自调节和自激励的学习活动。老师则在此过程中有针对性地进行导定向、导运作、导调节和导激励的教学活动，让学生成为既基础扎实、学有策略、个性良好，又有创新精神、实践力强、自由自觉的人。

“自导”操作模式可以用图 7-2-1 进行高度概括：

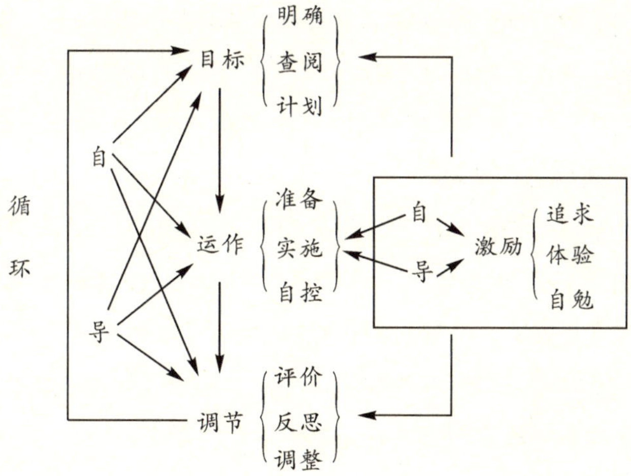

图 7-2-1　“自导”操作模式

首先，自主学习方案设计过程就是老师导定向、导运作的过程。

自主学习方案的设计是围绕学生的学去进行的，它实际上与“自导”操作模式中的老师导定向、导运作是基本相同的，它直接指导学生的自定向、自运作的实施。

其次，我们实施的“先学后教，小组探究”的学习方式与学生自运作、自调节是基本相同的。

再次，我们实施的“自主学习方案”的评价制度与学生的自激励和教师的导激励是大同小异的，它的目的也是引导学生进行反思性学习。

首先是教师的角色转换非常重要。在物理教学中倡导的“自导”融合在“自主学习方案”，强调要突出学生在学习中的主体地位，教师要以长者或朋友的身份积极参与学生的学习当中，教给学生独立学习、研究、自行获取知识的方法，给他们恰当的引导和鼓励，充分发挥教师“导”的功能，这样才有利于培养学生学会自行获取知识的能力，起到“授之以渔”的作用。其次，要给学生真正“自主学习”的时间和空间。“自导”理念中的“四自”是指学生学习过程中的自定向、自运作、自调节、自激励过程。教师要相信学生在自主学习过程中能逐步找到正确的答案，不要急于做越俎代庖的事情，而应把工作重点放在导定向、导激励中，从而把学生和老师的主动积极性都发挥出来。

为此，笔者认为，在落实好“自主学习方案”的基础上，我们要做好如下的工作：

（1）积极开展反思性学习。

所谓反思性学习，是指以反思为主要特征的学习过程。在这种学习方式中，学生更多地自定学习目标、学习计划和学习策略，然后实施学习。在学习过程中，根据内容和现场实际，经常思考目标的适宜、计划的周全、策略的有用等问题；在学习后，及时总结学习的收获，思考在学习的过程中自己的表现，策略的使用有效度。在教学过程中经常进行反思性学习，既可以提高学生的自我调控能力，又可以提高学生的自信心，还是自我评价的好方法，何乐而不为呢？为了使反思性学习发挥更好的评价作用，我们打算在新授课时要求学生填写“个人学习反思卡（一）”；在复习课时，要求学生填写“个人学习反思卡（二）”；探究学习时则使用“小组合作学习反思卡”。

个人学习反思卡（一）

时间：

<table>
<tr><td>姓名</td><td></td><td>班别</td><td></td><td>学科</td><td></td></tr>
<tr><td colspan="2">本节学习内容归纳</td><td colspan="2">印象最深、
收获最大之处</td><td colspan="2">自我反思（学习态度、学习策略、学习效果）</td></tr>
<tr><td colspan="2" rowspan="2"></td><td colspan="2" rowspan="2"></td><td colspan="2"></td></tr>
<tr><td colspan="2">自我评定：很好；较好；一般；稍欠</td></tr>
<tr><td colspan="6">下节课目标打算：</td></tr>
</table>

个人学习反思卡（二）

时间：

<table>
<tr><td>姓名</td><td></td><td>班别</td><td></td><td>学科</td><td></td></tr>
<tr><td colspan="2">本章（单元）内容要点</td><td colspan="2">印象深、收获大之处</td><td colspan="2">自我反思（学习态度、学习策略、学习效果）</td></tr>
<tr><td colspan="2" rowspan="2"></td><td colspan="2" rowspan="2"></td><td colspan="2"></td></tr>
<tr><td colspan="2">自我评定：很好；较好；一般；稍欠</td></tr>
<tr><td colspan="6">下节课目标打算：</td></tr>
</table>

小组合作学习反思卡

时间：

<table>
<tr><td>班别</td><td></td><td>小组名称</td><td></td><td colspan="5">成员：</td></tr>
<tr><td>学习主题</td><td colspan="8"></td></tr>
<tr><td>学习技能</td><td colspan="3">内容/自评：</td><td>合作氛围</td><td colspan="4">内容/自评：</td></tr>
<tr><td rowspan="2">实施过程</td><td colspan="3" rowspan="2">内容/自评：</td><td>成员</td><td></td><td></td><td></td><td></td></tr>
<tr><td>表现/自评</td><td></td><td></td><td></td><td></td></tr>
<tr><td>小组学习效果</td><td colspan="3">自评/原因：</td><td>下段打算</td><td colspan="4"></td></tr>
</table>

自评：A（很好）　B（较好）　C（一般）　D（稍欠）

（2）形成评价激励机制。

心理学告诉我们，学生特别希望得到别人尤其是老师的表扬或称赞。在自主探究学习的过程中，如果老师能恰当地运用评价激励机制，往往会收到事半功倍的效果。如前面提到的“讲学稿”或“自主学习方案”评价制度就是一个很好的即时评价激励机制，它往往能激发起中学生永不言败的好胜心。

此外，我们对中层生实行的“档案袋评价”则是长期的跟踪评价，对学生身心健康成长和长期可持续发展都有积极的作用。这些措施都是为了更好地凸出学生在学习中的主体地位。

二、确立学生自主学习的教学理念

所谓“自主学习”就是一种“自我导向、自我激励、自我监控”的学习方式，它是指在教师指导下，学生通过主观努力去获取新知识和增强自己学习能力的一种过程。物理科的“自主学习”就是指教师根据学生身心发展特点及物理学科特点有的放矢地进行教学，使学生在自主活动中学会发现、学会探索、学会创新。所以教师应在坚持学生主体地位的前提下，变教学为导学，改变过去那种只注重知识传授、忽略能力培养，只注重教师自身的主导作用、忽视学生的主体作用的做法，确立一种全新的“学生自主学习”的教学理念。

“自主学习方案”的内容包括“学习目标、学习重难点、学法指导、学习过程、学习过程反思”这五大部分。其中，“学习目标”包括“基础目标”和“拓展目标”，教师按照“基础目标”设计相关的学习内容和练习题，要求绝大多数的学生通过自主学习或在同学、老师的帮助下都能达到，是学生学习掌握的重点；“拓展目标”则是为“培优”而设的，它为那些学有余力的同学进一步提高能力提供帮助。“学习重难点”根据不同学科的具体内容而定。“学法指导”可以是一章、一节，也可以具体到一个课时的学习内容，是教师根据不同学科的具体内容教给学生一些学习的方法，让学生学起来较为容易，从而激发学生进行进一步探究学习的兴趣。“学习过程”包括“自主预习、课堂研讨、练习巩固、拓展延伸”四个步骤。它体现了学生学习由易到难，由浅入深的过程。“学习过程反思”是学生在使用“自主学习方案”进行学习的过程中的思想反馈，它要求学生用三五句话将自己学习过程中的成功、收获，失败、困惑或者碰到的困难记录下来，让学生不断积累成功的经验，就算是失败、困惑或者碰到的困难，也及时记录下来，便于老师进行有针对性的辅导，同学进行有目的性的帮助。

笔者在讲解《液体的压强》这一节时，一改传统的“教师讲学生听”教学方法，把学生全部带到实验室里去，然后把全班分成 16 个小组，让学生自己动手通过实验推导出“液体的压强大小与什么因素有关”，而我在旁边只作引导，经检验此种教学方法收到了较好效果。

三、初中物理自主学习的教学策略

（一）自主学习目标的确定

确立教学目标是备课的首要环节，只有制订了合理的、可操作的学习目标，才能使学生明确学习的具体任务、要求，从而规定学习行为取向和评定学习结果。我们根据《九年义务教育物理课程标准》、教学内容和学生的实际情况，设计学生自主学习的学习目标，并以问题的形式展现给学生。比如在《二力平衡》一节的教学中，我们设计了既突出重点、难点和关键又体现出新旧知识联系的五个问题作为学生的学习目标：什么叫平衡力？具有什么特点？什么叫作用力和反作用力？举例说明。思考：是否有作用力都有反作用力？牛顿第一定律的内容及其意义是什么？两个平衡力与一对作用力和反作用力的主要区别是什么？举例说明。作用力和反作用力的特点是什么？

实践表明：我们要做到目标明确，层层落实；学生才能主动地根据自主学习目标，选择性地收集资料，积极去思考加工，提取有用的信息，提出自己的设想。

（二）自主学习方法的引导

学习方法是学生在学习过程中获得经验方法的总和，是保证学习活动顺利进行的有关学习活动的经验系统。引导学生把握重要的物理学习方法，是自主学习得以进行的必要条件。在平时的教学中，我们特别注意训练学生阅读、观察、分析、做笔记、提问题、概括总结等物理学习常用的方法。而针对自主学习的内容，我们会利用学习目标提示学生这部分内容主要的学习方法。

（三）激发学生自主学习的动机

自主学习是最持久的，也是最深入的，要想使学生开展自主学习，必须首先激发他们的学习动机。学生的自主学习是由一定的动机引起并受其支配的。同样学习动机也是直接推动学生自主学习的内部动力，在学习活动中发挥着巨大的作用。而兴趣又是学习动机中最现实、最经济、最活跃的因素。引导学生自主学习和探索，首先要激发学生的学习兴趣。只有学生把学习看成是一种快乐的活动、一种需要，才能产生巨大的内动力，激发更强烈的求知欲。

可以通过“创设情景，设置疑问”的方法来激发学生的学习动机。在讲《流体压强与流速的关系》这堂课的开始，我先出示一个漏斗和乒乓球，然后让学生猜想如果我把乒乓球放在漏斗口的下面时，放手后乒乓球会发生什么情况？很多学生都猜出乒乓球会掉下来，我接着再问学生，如果老师对着漏斗口往下吹，乒乓球是否加速向下运动？在我创设的情境中，学生充满了好奇心，学习动机得到了很大程度的激发。

（四）自主学习意志的培养

意志是推动一个人积极主动地进行活动的强大动力，也是决定一个人能否把一个活动坚持到底的重要因素。其中决心、信心、恒心是意志结构中三个重要心理因素，它们相互作用，相互渗透，使人根据目的调节和支配自身的行动，去实现预定的目标。

（五）学生在老师指导下进行自主学习

这一个环节强调采用“先学后教，小组探究”的学习方式。

所谓“先学”，就是在上课前，学生按照教师在讲学稿揭示的教学目标及学法指导进行初步练习，解决力所能及的问题。所谓“后教”，就是教师针对学生自学中暴露出来的问题及练习中的错误，有目的地引导学生展开小组讨论，实行“兵”教“兵”，会的学生教不会的学生，教师作适时的评定、补充。

心理学家告诉我们：学生通过视觉或听觉去获得的知识只有15%，而如果充分调动学生的视觉、听觉和触觉并让学生手脑并用，获取的新知识可以增加到85%以上。为此，我们积极尝试“先学后教，小组探究”的学习方式，最终取得了较好的效果。

首先，合理分组，以优促差。

合理分组是小组探究的前提，只有合理分组，才能更好地调动学生的学习积极性，最大限度地挖掘学生的潜能，达到预期的效果。

每个课题组的成员根据自己所教班级学生的实际情况，将学生分为优、良、中、差四类，同时兼顾文科、理科的偏科情况来作为分组的依据，再根据人数的多少分为若干个小组，每个小组都有这几类人。这样，优差、文理搭配，既方便组内同学间的合作互助，以优促差，也为组间的公平竞争打下基础。

其次，先学后教，小组探究。

在开展探究实验前一个星期，教师就明确提出实验的内容，并将“实验探究课题研究计划书及评价表”发给每组学生（见后面）。要求各个组长充分发挥每个组员的特长，预习相关教学内容，收集有关的资料，准备各种实验器材，认真填写好这份实验表格，并在实验前三天上交给老师检查；老师根据具体情况提出修改意见，学生根据反馈的意见再次进行相关的准备工作。各个小组根据前面的准备和具体的分工在课堂上积极开展小组合作式的探究实验活动，并及时将探究过程中的一些数据、得出的结论以及发现的问题记录下来。

再次，当场评价，公平竞争。

每一次的探究实验的时间控制在20分钟左右，留下足够的时间让学生对整个实验过程进行“自评、他评、师评”。心理学告诉我们，学生在表扬声中易于改正自己的不足，同时也留给学生反思的时间。因此，作为教师，重在引导学生在评价过程中多发现自己的长处，在此基础上找出自己的不足。这样，通过小组内的自评、小组间的他评和老师的个别或集体点评，学生可以清楚地知道自己的长处或不足，在此基础上评出“最佳小组”和“最需要鼓励的小组”（实际是“最差小组”，但为了不伤害学生的自尊心和学习积极性，我们换一个名称叫“最需要鼓励的小组”），但哪一个小组都不愿成为“最需要鼓励的小组”，他们唯有在下一次的实验活动中准备更充分，实验做得更好！这无形中促进了学生间或小组间的公平竞争，激发了学生的潜能，提高了学生的学习兴趣，增进了同学间团结协作的情谊！

附表：实验探究课题研究计划书及评价表

实验探究课题研究计划书及评价表

班别：

<table>
<tr><td>探究实验</td><td colspan="2"></td><td colspan="2">填报日期</td><td></td></tr>
<tr><td>学习小组的组长</td><td colspan="2"></td><td colspan="2">小组序号</td><td></td></tr>
<tr><td>学习组成员（4人左右）</td><td colspan="2"></td><td colspan="2">成员分工（实验设计、操作交流评估等）</td><td></td></tr>
<tr><td>提出问题</td><td colspan="5"></td></tr>
<tr><td>猜想与假设</td><td colspan="5"></td></tr>
<tr><td rowspan="3">实验设计方案</td><td colspan="2">1. 所用仪器</td><td colspan="3"></td></tr>
<tr><td colspan="2">2. 需要测的物理量</td><td colspan="3"></td></tr>
<tr><td colspan="2">3. 操作与记录（含步骤、表格、记录数据等）</td><td colspan="3"></td></tr>
<tr><td>实验现象</td><td colspan="5"></td></tr>
<tr><td>结论</td><td colspan="5"></td></tr>
<tr><td>需要改进的方面</td><td colspan="5"></td></tr>
<tr><td rowspan="4">对探究实验的等级评价</td><td>等级</td><td>A</td><td>B</td><td>C</td><td>D</td></tr>
<tr><td>自评</td><td></td><td></td><td></td><td></td></tr>
<tr><td>他评</td><td></td><td></td><td></td><td></td></tr>
<tr><td>师评</td><td></td><td></td><td></td><td></td></tr>
</table>

其他学科则根据本学科的特点进行相应的调整。

最后，进行巩固拓展。

设置这一环节，目的是检查、巩固学生所学的知识，并让优生有进一步发展的机会。学生通过前面的几个环节的学习，掌握的程度如何，是否达到预定的“基础目标”？这就有必要设置相应的练习题进行检查，以达到巩固所学知识的目的。对于班中的优秀学生，教师则根据“拓展目标”设置相应的练习，让学生实现知识的拓展，达到提高学生学习能力的目的。

新课程理念特别强调学生自主能力的发展，我们教育工作者要采用一切教学手段，培养学生主动学习的积极心态，切实提高学生的学习素质，使他们真正成为学习的主人。

第八章　小组合作式教学在物理实验课堂中的应用

初中物理是一种以实验操作为主的自然学科，很多实验（如：分组实验）都需要学生亲自设计实验方案并进行实验，分析实验数据，得到实验结论，而有些实验的研究和操作仅靠个人完成比较困难，甚至无法完成，这就需要与其他人合作共同来完成。合作学习是一种很适合物理实验课的学习方式，它既可以让学生相互交流，分工合作，取长补短，又可以激发学生的主观能动性，有利于培养学生的发散思维。

第一节　合作式学习在物理实验中的必要性

一、实验在初中物理新课程中的地位

1. 实验是初中物理教学的基础

《九年义务教育物理课程标准》（以下简称《课程标准》）指出："物理学是由实验和理论两部分组成。""物理学实验是人类认识世界的一种重要活动，是进行科学研究的基础。"物理学是一门研究自然界物质运动规律的科学，许多物理概念是建立在实验的基础上，如密度和压强等概念的建立、浮力产生的原因、大气有压强、导体对电流的阻碍作用、影响电阻大小的因素、研究欧姆定律等，这些问题离开了实验，学生只能死记硬背、被动接受，而不能体会到物理现象的客观存在性和物理概念建立的必然性。

2. 实验是初中物理教学的内容

原《教学大纲》指出："培养学生初步的观察、实验能力""培养学生学习

物理的兴趣、实事求是的科学态度和良好的学习习惯”“学生应该初步具备的实验能力，主要是学会正确使用仪器进行观察、测量和读数，会分析实验数据并得出正确的结论，了解误差的概念，会写简要的实验报告。”因此，实验是中学物理教学的内容之一。

《课程标准》指出：要使学生“具有初步的实验操作技能，会使用简单的实验仪器和测量工具，能测量一些基本的物理量”“通过参与科学探究活动，学习拟订简单的科学探究计划和实验方案”“乐于参与观察、实验、制作、调查等种学实践活动”。可见，实验是中学物理教学中的一项内容。因此，在教学过程中不但要重视引导学生观察实验现象，进行猜想、设计、验证等科学探究，更要“让学生经历科学探究过程，学习科学研究方法，培养学生的探究精神、实践能力以及创新意识。”

物理新课程标准强调学生自己动手动脑，通过学生自主探究活动来学习物理知识。物理实验教学中蕴含着极其丰富的创新教育内容，为实施素质教育、培养创造性人才提供了极好的载体。随着物理新课程的逐步推进，培养学生科学素养的课程理念已经被大家所普遍接受。而物理学又是一门以实验为基础的自然科学，物理教学必须以实验为基础，实验在物理教学中占有举足轻重的地位。新课改倡导“自主、合作、探究”的理念，因而小组合作学习逐渐成为物理实验教学的“新宠”。小组合作学习可以培养学生合作能力、实验能力、思维能力，小组成员之间通过合作交流为课堂带来生气，并从中感受到探究学习的快乐。

合作学习是把合作的观念引入教学系统，是新课程实践的产物。它是学生为了完成共同的任务，有明确的责任分工的互助性学习。合作学习鼓励学生为集体的利益和个人的利益而一起工作，在完成共同任务的过程中实现自己的理想。它是以现代社会心理学、教育学、认知心理学等为基础，以研究与利用课堂教学中的人际关系为基点，以目标设计为先导，以师生、生生、师师合作作为基本动力，以小组或团队活动为基本教学方式，以培养学生的创新能力为最终目的。学生在小组或团队中为了完成共同的任务，进行有明确的责任分工的互助性学习。它是一种学习方式，而不是学习方法。

第二节　小组合作式物理实验教学

在传统的课堂教学中，教学过程中的信息传递只在教师与学生之间单向进行，这样的信息传递大多是师生问答式，没有学生之间的讨论，没有学生之间的横向交流，更缺少学生自我调整、矫正的机会，从而也就无法暴露学生思维的“过程”缺陷。而新课程倡导的合作学习，恰恰是对这种“缺陷”的弥充，它至少有以下几方面的作用：一是结对帮扶，即同学之间互帮互学，以优带差；二是各抒己见，即增加学生发言的机会，培养学生倾听别人意见的习惯；三是越辩越明，即为学生创设辩论的机会，在辩论中锻炼思维的敏捷性；四是团结合作，即培养合作意识、团队精神。在物理实验教学中，如何最大限度地发挥以上几种作用，值得我们深思和探究。

一、把握分组时机，提高物理实验课堂效果

要提高合作学习的效果，应把握好分组的时机。在教学中，部分教师采用分组的形式，让学生讨论、合作，且无论什么样的课都采用，过一会儿用一次。从表面上看，课堂气氛比较活跃，热闹非凡。但从实际的教学效果看，讨论时间给得不够，刚刚分好组，没说几句，就被教师止住安排下一项内容了，合作学习显得匆忙、零乱。因此，把握好分组的时机尤为重要！

1. 当兴致低沉时，可采用小组合作学习

“兴趣是最好的老师”，兴趣是产生动机的重要条件，学生只有对学习对象产生了兴趣，才能提高学习的积极性、主动性和创造性。物理实验具有直观、真实、形象和生动的特点，能使学生注意力高度集中。

初中物理实验课堂中，教师要善于利用丰富多彩的生活世界进行教学资源与素材的开发，有助于教学内容的丰富，有利于学生好奇心与探究欲望的激发，学生也会产生学习的兴趣。生活化教学模式，将生活与物理实验教学紧密相连，让学生置身于更加生动、形象的生活情境之中，让物理学习不再枯燥、无味，反而

充满了趣味性。当学生学习兴致低沉时，教师可采用小组合作学习的形式提升学生的学习士气，激活课堂学习气氛。

如在人教版八年级物理《相互作用力》的学习中，教师就可以组织学生进行小型的拔河比赛。一般情况下，学生会对“两队拉力相等”论点感到疑惑，而认为“胜利的队伍拉力大于失败的队伍”。这时，教师就可以这样创设比赛情境：一方要穿旱冰鞋，双方互换进行比赛。最后，会发现，两次比赛的结果都是穿旱冰鞋的输。

通过开展小组合作活动，并通过这样亲身体验实验的过程之中，学生会更加感兴趣，更加积极地参与实验，而实验的结果也会更加深刻地引入学生心中，使其充分理解拔河时相互的拉力是相等的，而取胜的关键则为地面的摩擦力大小。

2. 当任务繁重时，可采用小组合作学习

新教材要求同学们的知识学习不局限于课本，课堂理论与生活实践相联系，加强学生对知识的迁移和内化，让学生带着设计好的问题去搜集尽可能多的信息、资料。由于要通过多种渠道获取信息，任务多，时间紧，学生通常不具备独立完成的条件和能力，这时采用“小组合作学习”的方法就显得很快捷、高效。

如在学习人教版八年级物理《杠杆》一节时，当介绍完杠杆的特点和杠杆平衡条件后，在进一步学习杠杆的应用时，可事先安排同学们去多方面搜集生活生产中各式各样杠杆的信息，具体包括它们的形状、名称、用途等，由于杠杆在生产生活中应用广泛，单靠个人的力量搜集到的信息比较有限。这时可将同学们分成若干合作小组，让小组每个成员承担与其兴趣、能力以及家庭特点相当的一部分任务，这样可以使个人的优势最大化，以获得最佳的小组总体效果。比如：工人家庭的学生让他去搜集工业生产中应用到的杠杆知识；农村的孩子可让他去搜集一些劳动工具中有关杠杆的知识；喜好体育的同学也可以去搜集健身器材中涉及杠杆的知识；一些爱好电脑的同学可以去网上搜索杠杆的有关信息。在小组长的组织下，小组成员及时通报进展情况，介绍各自的收获，每个小组长把自己小组收集到的有价值的资料、信息甚至成功的实验表演，推荐给全班同学，实现最大限度的资源共享。这一过程丰富了学生的资料，扩大了学生的视野，增长了学生的才干，同时活跃了课堂气氛。此外，还有同学反映在搜集信息的过程中还增进了与父母的沟通，也算是一大收获。

3. **当精神涣散时，可采用小组合作学习**

以前的课堂教学，教师是主角，学生是配角，教师是表演者，学生是参与者。特别是一些学习态度差的学生更是心不在焉，不愿去动脑、动口、动手，造成差生面不断扩大，即使是学习态度好的学生面对如此单调的课堂，也很难在一节课的时间内都能集中精神听课，他们也需在课后花大量时间去复习、做题才能保证一定的效果，进而造成物理课堂教学效益差。为突破传统的课堂教学格局，我们在物理实验课教学上从形式到内容都做了大胆改革：在课堂教学中进行角色转换，让学生来唱主角，教师甘当配角。通过教师和学生之间的合作交流，让学生自己动手去实践，在实践中学会自我思考和探索。由于学生认知水平的局限，往往考虑问题不很全面，一旦他们协同作战，相互补充相互讨论，能达到事半功倍（1+1>2）的效果。尤其出现一些教学难点的时候，创设条件采用小组合作学习的方式往往比教师反复说教效果更好。

《凸透镜成像规律》是初中物理学习中的一个难点，传统的教学是教师把几种成像情况给学生演示后就让学生牢记这个规律，一些学生很难真正理解。实施新课程标准后，一些教师让学生自行探究但又对学生的能力有所怀疑，所以分组后按照2倍焦距以外、1倍焦距和2倍焦距之间等情况给了一些有关物距的实验数据，并且还把一些实验注意事项，比如烛焰、透镜、光屏三者中心的位置关系一再强调。这样的分组合作学习没有体现学生的主观能动性，实验过后学生尽管在教师的提示下得出了成像规律，但是从以往的经验来看这样的教学效果并不好，比如“为什么在实验前要进行烛焰、透镜、光屏三者中心的位置的调节”等问题很少有同学回答得出。我在这节教学时，当和同学们一起分析出可能和位置有关后，让学生分组后有关仪器的安装以及位置关系都让学生小组讨论后自己解决。在实验的过程中，发现学生在一起讨论仪器的摆放、物距的大小，一起分析看不到像的原因，甚至还在争论“改变物距时到底是移动蜡烛好还是移动透镜好”，有争论声，也有赞同声。学生经过相互讨论后，类似上述的“为什么要调节烛焰、透镜、光屏三者中心的位置”，以及“光屏上得不到像的其他原因”都能很轻松地解决，仅凭学生的个人能力很难达到这样的效果。由此可见，教师和学生的角色转换，会给课堂教学换来意想不到的效果。

4. **当方法多样时，可采用小组合作学习**

学生在物理学习过程中难免会遇到许多困难和疑惑。对疑难问题，在小组活动中提出各人的困惑，让小组成员充分发表意见，在切磋争辩中过滤问题，去伪存真，通过有意义的协商和共享，从别人的意见中受到启发，教师在适当的时候给予点拨，从而使学生对物理问题的认识更加深入和全面，培养学生全面考虑问题能力，扩展思维空间，从而完善各成员的知识结构。

例如：在进行排除电路故障的教学时，两灯泡串联，当开关闭合时，发现两灯均不亮，安培表示数为零。要求学生根据已有知识判断故障的原因、故障的位置以及怎样排除故障。问题的存在恰恰是推开真理大门的前奏。组织学生分组开展讨论，由学生自己分析和处理信息。经过讨论，有小组提出用电压表检验，有小组提出用电流表检验，有的小组提出再用一只完好的灯泡分别代替电路中的每一只灯泡，有的小组提出用一根导线来检验等。当然提出的方法中有可行的，也有不可行的，经过大家的讨论把不可行的分别排除。传统的教学不是老师讲解，就是学生回答后给出肯定或否定的答复。有的学生没有理解，有的学生对老师的讲解不会提出自己的意见，认为老师说的一定正确。但是如果让学生自己讨论，大家的关系是相互平等的，敢于发表自己的见解，能够让每个学生都参与到主动学习中来。组织学生分组开展讨论，由学生自己分析和处理信息。经过讨论，有小组提出电源可能接触不良或是报废的，提出立即更新电池的想法；基础好一些的同学提出用电压表来判定是不是废电池；有的小组提出是电流表坏了或接触不良，有的小组认为可能是某一导线断了……这么多答案究竟哪一种更正确呢？又怎么一一解决呢？小组内，组与组之间共同探讨，并请同学演示解决问题的实验，学生的思维异常活跃。

5. **当能力局限时，可采用小组合作学习**

当学生的个人操作无法完成或独立完成效率较低，或有些物理知识较为抽象、深刻，有些开放性的甚至具有挑战性的问题由于学生个人认识能力的局限性，或单靠某个学生独立思考会出现困难或回答不全面，或有些实验环节模糊，操作复杂时，采用小组合作学习的形式是解决以上种种问题的好办法。

如《浮力》一节，学生对影响浮力大小的因素存在许多模糊认识，理解上也有一定困难。首先，让学生分组讨论，猜想影响浮力大小的因素：可能与液体密度、排开液体的体积、物体密度、物体的体积、物体没入液体中的深度、物体的形状等因素有关。若要逐个进行探究验证猜想需要很长时间，此时应以小组为单位，分类讨论，学生在实验中获得感知，再对数据讨论处理，最后由各小组归纳结论。在小组合作的进程中，培养了学生实验操作动手能力，科学设想能力，逻辑思维能力，真正发挥了物理小组学习的作用。

6. **当意见不一时，可采用小组合作学习**

在物理学习过程中，对于同一个问题，学生从不同的角度思考会有不同的想法，这是物理学习过程中在所难免的。当学生意见不统一，或对一个问题有多种解决方案而需要共同探讨时，教师可以组织学生开展小组合作学习，让学生集思广益、各抒己见，在表达意见的同时寻找比较正确的答案和方法。

例如，有关浮力问题：一个小木块和一个大石块，把它们浸没在水中，同时松手，小木块上浮，大石块下沉，谁受到的浮力大？对于这个问题，有的学生用阿基米德原理公式判断，有的学生用物体的浮沉条件判断，结论却大相径庭，谁对谁错？这时可让学生与对方争辩，在辩论中明晰正误。学生在学习的讨论或争辩过程中学会分析归纳，掌握自己所需要的信息，同时有效地促进学习交流，提升学习能力。

7. **当矛盾争议时，可采用小组合作学习**

初中物理实验分为测量类、探究类和验证类三类，其中探究类实验通过实验尝试探索研究学生未知的物理规律，通过观察实验现象，分析实验数据，归纳实验结论。此类实验思维容量大层次多，学生需要经历探究的基本过程：提出科学问题—进行猜想和假设—制定计划与设计实验—进行实验与收集证据—分析与论证。这些实验对学生的能力要求比较高，仅凭学生的一己之力很难完成，因此利用小组合作探究的方式就可以集思广益，更加高效地解决问题。

如《平面镜成像》一课中，利用小组合作学习形式可以有效地突破教学难点。

以下为部分教学片断：

师：平面镜所成的像有哪些特点呢？

生：（A 组）缩小（远小近大）、正立的；（B 组）我们组认为像的大小始终与物体相等，因为刚才视频中的加菲猫与它在镜子中的像是一样的。

师：那么平面镜所成像的大小到底是放大、缩小还是等大的呢？同学们可以通过实验来探究……

学生小组讨论后选择合适的器材、设计实验。

通过巡查，我发现了两种不同的做法，然后教师派两组代表分别上来交流他们的设计方案。

生：（C 组）实验目的是探究平面镜成像特点，所以我们选择的器材是平面镜；（D 组）我们选择的是用玻璃板代替平面镜，因为我们试着用镜子来做实验，发现虽然可以透过镜子观察到像，但是却无法确定像的位置。所以我们改用玻璃板，它不仅可以成像而且由于它是透明的，我们可以观察到玻璃板后的情况，这样我们可以用一支大小一样的蜡烛与像重合，确定像的位置。（学生边说边演示）

师：同学们的想法很好，解决了我们找不到像的难题，大家看看还有没有什么其他好的提议？

…………

学生仅凭生活经验来确定平面镜成像的特点，当产生矛盾争议的时候就是选择小组合作的良好契机，大家争先恐后、七嘴八舌地交流自己的看法与意见，自然而然地提出了探究问题。在实验设计环节中由于难点较多，采用小组合作的形式可以整合组内同学的力量，借助组间同学的思维交流与碰撞，扩宽学生的思维深度，促进问题的有效解决。

二、科学合理分组，促进物理实验学习良性竞争

为了有效地开展合作学习，除了把握分组的时机，还要进行合理的分组，促进学生在物理实验学习良性竞争。

第一，分组时应做到“组内异质”。俗语说得好，“肥草里也有瘦牛”，也就是说，肥沃的草地里一般养的是肥牛，当然也有瘦牛的存在。同样每个人由于种种原因在，如学生成绩、能力倾向、个性特征、家庭背景等诸多因素，造成小组成员之间存在着个别的差异。比如在前面安排学生去多方面搜集生活生产中各式各样杠杆的信息时，就要考虑到同学家庭的差异，否则同组的学生可能搜集到许多重复的信息，就不能很好地进行组内交流。同时还要考虑学生能力，比如，让爱好电脑的学生去上网搜集资料，就不可以把班级内电脑“高手”都分在同一组。“组内异质”除了可以更好地发挥每位同学的作用，同时还有利于组内成员间的相互学习，相互帮助。

第二，分组还应做到“组组同质”。如果小组与小组之间存在很大差异，综合能力较弱的小组，失去竞争能力，就会失去兴趣，那么这样的竞争也就没有任何意义。只有让每个小组成员都能体验到成功的喜悦，才能增强他们再次去争取成功的信心。同时为了同一个目标还能促进组内成员之间更好的合作。因此，在开展小组合作学习过程中，要对学生分组在全局考虑上进行合理分组搭配，避免“一组独大”，要让全班每个学习小组在物理实验过程中都具有一定的学习竞争力，并且学有所成。

三、实施分组调控，促进物理实验学习有序开展

教学实践和心理学研究表明，初中学生已经有了一定的观察能力、实验能力和思维能力，但分析判断能力还不完善，自主性不强，因此在学习过程中需要教师给予正确、适时的引导。有些教师错误地认为合作学习的主体是学生，教师不适宜参与其中，所以布置完合作学习任务就开始耐心等待，有的教师则游走于各学习小组间，当小组合作学习结束后，教师选择性听取各小组的汇报，汇报完毕，课堂教学活动结束。在这样的课堂上，教师可有可无，小组合作学习处于一种缺乏监控的“放羊式”状态——学生看似讨论积极，活动频繁，表面上非常

热闹，但实际效果不尽如人意；有些没有轮到汇报的小组还可能处于“真空”状态，对其合作学习成果无从考证。笔者认为，在小组合作学习的物理实验课堂中，教师承担了更艰巨的管理和调控职责，要对各个小组各个合作环节进行介入，及时引导。教师不是简单的放手，而是应该携手，实施合理的教学调控，但调控的目的不是操纵和束缚，而是调节和指导。

1. 合理调控合作学习时间

在小组合作学习物理实验环节，教师要根据物理实验学习任务的难度、深度等多重因素，充分合理地预留足够的合作时间，这既是保证各小组合作学习顺利进行的前提与基础，更能够有效提升小组合作学习质量。对于小组合作学习的时间，教师应当细致地把握“分寸”，时间过短可能会缩短组内成员交流讨论的时间，造成部分同学没有时间独立思考或发表见解就草草收场，使合作学习流于形式。过长的时间，一来受到课堂 40 分钟的限制，还可能会出现部分同学难以自控，无所事事，造成课堂秩序混乱。教师可根据学习任务的难易程度以及观察班级学生的课堂合作的实际情况，灵活调节各环节的时间，既要给各小组提供充足的设计、操作、交流、讨论及归纳的时间，又要留有教师总结、补充及评价的时间。

2. 合理调控合作学习进度

由于初中生的生理和心理特点爱说爱动，自控能力薄弱，小组合作实验与传统教学模式相比，学生都围坐在一起随意说话的机会增加，有些小组合作时过于“激动”影响其他小组，有些小组讨论比较激烈，甚至可能出现争执，有些学生甚至跑来跑去“刺探军情”，不进行适当调控必然会影响教学进度。因此教师要加强小组的管理，约束学生的课堂行为，保证小组合作学习的顺利实施。

教师还应该扮演好“参与者”的角色，深入到学生中，洞察各个小组的实验进程，做好个别辅导。在实践中经常会出现小组间合作速度过慢的情况，由于课堂时间是有限的，他们的滞后会影响整个班级的学习进度。这就需要教师以小组成员的身份参与其中，了解学生在实验过程中遇到的困难和思维过程中阻滞之处，适时调度，主动提供帮助和引导，让落后的小组迎头赶上，保证各小组间的均衡发展。

3. 合理调控实验操作过程

尽管在学生分组实验前教师应该已经交代清楚实验的操作流程及规范方法，已经让学生明白“做什么”“怎么做”，但是由于实验器材、学生能力水平、操作技能等原因，学生在实验过程中仍然会产生这样或那样的问题，造成实验结果和结论存在较大偏差。

如在《探究串联电路特点》实验中，学生在实验过程中经常出现的情况有：

（1）串联电路连接错误；

（2）使用电压表和电流表前，未进行电表调零，未选择适当的量程；

（3）电表无示数、接线柱松脱或接线柱连接不当；

（4）连接电路过程中电键的状态未注意；

（5）灯泡发生故障，小灯熄灭；

（6）发现测量数据与猜测结果存在误差，随意篡改实验数据；

…………

针对以上问题，教师在学生进行操作的时候首先要做到随时巡视和观察，及时发现学生操作中的不当之处，对各实验小组在操作过程中遇到的困难，给予适当引导，启发学生找出解决问题的办法；针对各小组出现的共性问题，组织集体讨论，通过交流与示范，确保学生掌握正确的操作方法进行实验，提高实验结果的准确性。其次在实验过程中，教师还要关注学生是否依据实验事实，如实地记录实验数据，要让学生感受任何实验都难免会有误差，尽可能通过完善实验设计和规范操作做到把误差减小到最低限度。

四、重视实验评价，实现教学评价的科学化

《课程标准》指出：教育评价促进学生的发展。赏识是促进学生发展必不可少的手段，批评更是应当的。但赏识和批评的分寸应当适度，实事求是，不宜过分夸大，不能单讲片面，让二者统一在教育教学活动中。

合作学习以标准参照评价为基本手段，不求人人成功，但求人人进步的理念，有利于我们走出竞争教育的怪圈，实现教学评价的科学化。主要分为结果评

价、过程评价和情感评价。

（1）结果评价，即制定适宜的小组合作学习目标评价。小组合作学习的精髓是通过学生互动求得小组成员的共同进步。在小组合作学习过程中，小组成员不仅要努力达到个人目标，而且要帮助同伴实现目标，通过相互协作，完成共同的学习任务。所以，采用小组合作学习模式，要求教师以学习小组为单位制定学习目标，只有小组成员都完成了自身的学习任务，小组学习目标才算最终达成。

（2）过程评价，即建立激励性评价机制，培养合作精神。激励性评价机制的建立是培养学生的合作精神、提高学生学业成绩、培养学生三维目标的关键因素之一。在对小组合作学习的情况进行评价时，“小组合作表现”是评价的主要指标。它包括：小组成员的差异性、小组成员分工的合理性、小组成员的合作方式、小组成员的参与度、集体研究活动的形式、个人对集体学习的贡献等。教师要将激励性评价指标公布给学生，并定期引导学生对小组合作学习的情况进行评价。

（3）情感评价，即教师要用赏识的眼光去寻找学生的闪光点，适时地用语言进行激励，教师的一句“你的方法真有创意”“你的想法非常好，说说看”“你今天进步很大”，甚至只是微笑表示赞同，都能引起师生情感的共鸣，让他们在小组合作中，变得越来越自信。

合作学习的评价观与传统教学也有很大不同。传统的教学评价强调的是个体在整体中的位置，热衷于分数排队，这种竞争性的评价是有局限性的，不利于大多数学生的发展。有鉴于此，应以“尊重每个学生，让每个学生都有进步”作为评价合作学习最终目标和尺度，这有助于把个人之间的竞争变为小组之间的竞争，把小组总体成绩作为奖励或认可的依据，形成了“组内成员合作，组间成员竞争”的新格局，使得整个评价的重心由鼓励个人竞争达标转向大家合作达标。

进行小组合作学习评价时要把学习过程评价、学习结果评价与学习情感评价相结合，对合作小组集体评价与对小组成员个人的评价相结合。评价小组合作学习过程时，主要应从小组成员分工是否合理、小组合作方式是否恰当、小组成员的参与度，对小组合作学习结果的整理报告是否科学等方面来评价；对小组成员的评价主要从小组合作任务的执行完成情况、与别人合作学习的好与坏、思维的创新性等方面来评价。

如何评价学生的小组合作学习，直接影响学生的学习效果以及今后学生参与课堂学习的积极性。所以，每堂课对学生的评价尤为重要。

1. **评价的原则**

要坚持教师评价、学生自评、小组内互评、小组间互评相结合的原则。综合多方面的评价，给个人或小组的评分才是最公正、最具说服力的。同时，评价的方式也可以多样化，可以采用评分制、书写评语、口头评价等多种形式来表实现，且评价要及时，最好当堂课就评价。

2. **评价的方法**

（1）对学生小组合作学习参与过程的评价。

这一阶段的评价着重关注学生在小组合作学习中的的参与程度。可以设计这样一组问题作为教师评价、学生自评、小组内互评、小组间互评的标准。

①你是否能够积极踊跃地投入小组合作学习，主动地与组员交流（参加组内展示至少 1 次，参加全班展示至少 2 次）；

②你与本小组的人员关系是否融洽（上课有无违纪现象）；

③你的想法是否与众不同（有无创新性）；

④你是否总能很清晰地用语言表达自己的看法；

⑤你（你们）在全班展示时是否形式多样；

⑥你展示时是否自然、大方；

⑦你语言表达是否流畅，声音洪亮。

以《研究物体的浮力与哪些因素有关》的教学为例，进行小组合作学习评价。评价小组合作学习过程时，主要看小组成员是否有明确的分工，分工是否与学生本次实验的个人能力吻合，每个成员参与各自任务的积极性，最后再看通过探索浮力的大小是否与液体密度与排开液体体积有关的结论。若这些方面都能合乎情理，则给予本小组满分鼓励。对小组成员的评价，主要观察在完成自己的特定任务时，是否准确。比如实验操作员是否科学、有序地进行动手实验等，在整个探索实验过程中，和其他成员是否配合默契，有合作技能，在合作中是否有创新性的表现等。这些都是评价小组合作学习的主要因素，只有这样，学生才会有意识地调整小组合作学习的安排及个人参与时的表现。

（2）对学生基础知识、基本技能的获得情况的评价。

这一阶段的评价着重关注学生对基础知识和基本技能的理解和掌握程度。可以通过对学生作业的分析、课堂板演、回答问题的情况进行评价。适当的时候可以进行一些小测试，以检验本阶段学生基础知识、基本技能的掌握情况。本阶段的评价是以教师对学生的评价为主。

3．适当的奖励机制

激励就是根据人的需要激发人的动机的心理过程。通过激励，在某种内外刺激的影响下，使人处于兴奋状态。激励性评价是指在教学过程中，教师通过语言、情感和恰当的教学方式，不失时机地从不同角度给不同层次的学生以充分的肯定、鼓励和赞扬，使学生在心理上获得自信和成功的体验，激发学生学习动机，诱发其学习兴趣，进而使学生积极主动学习的一种策略。在物理教学中，教师给予学生适当的激励性评价对学生学习兴趣的激发起着举足轻重的作用。为此，在物理实验教学中，笔者注重运用激励性的评价语言来激发学生物理学习的兴趣，收到了良好的效果。主要做法：

一是让学生得到赏识。通过举行多种学习交流活动，在活动中，学生一次又一次体验被赏识的快乐。同时，笔者教育学生赏识别人和得到别人的赏识都是快乐的。二是让学生接受批评。众所周知，人在本能上对批评有一种抵触心理。但如果批评合理，就能起到化消极因素为积极因素的作用。因此，批评学生时要慎重，要讲究方式、方法，语言应该委婉，以情服人，让学生在接受批评时心服口服。还要把学生看成一个个独特的个体，给予充分的理解，缩短师生之间的心理距离，以心换心，由“心理换位”达到“共同感知”，才能让批评真正达到激励的作用。

在适当的时候，教师可以根据学生五角星的数量，得分高低，以及个人评价、小组评价的情况，给优秀个人、优秀小组以适当的奖励。为保证奖励对学生的吸引力，教师要根据学生年龄和喜好，制定相应的奖励形式。奖励形式不仅包括物质的（如铅笔、笔记本等学习用品），而且包括精神的（如红旗、奖状等）。学校每月评选学风最佳班级奖，优胜小组奖，积极参与个人等，给予学生适当的物质奖励或精神鼓励。

五、设计示例

在大量的物理实验教学中，我们逐渐探索出开展小组合作学习五步教学模式：即“创设情景，提出问题→分组讨论，大胆猜想→设计实验，探究新知→分析现象，体验感悟→归纳总结，交流评价→课外实践，发展个性”，收到了较好的教学效果。下面以《探究凸透镜成像的规律》的教学为例，谈谈我们开展小组合作学习的做法和体会。

（一）创设情景，提出问题

提出问题是认识的开始，教师要让学生敢于提问，就要给学生创设提出问题的空间和方法，营造发现和提出问题的氛围，创设提问情景。在教学中，一是可采用学生熟悉图片导入，从熟悉的现象提问；二是利用一些违背思维定势的现象导入，引起学生思维冲击，激发学生解决问题的欲望，从而提问；三是利用录像片段引入，让学生身临其境地观察，从而提问；四是通过演示实验导入，学生观察实验现象提问。

在本节教学中，我们尽可能多地将镜头伸向生活，一是利用自制的照相机演示拍照的过程（突出在毛玻璃上所成的像），二是利用投影仪投影图片在天花板上，三是利用放大镜看书导入，这样便于学生体会学习凸透镜成像的实际意义，便于培养学生的观察能力。照相机、投影仪里面都有凸透镜，放大镜本身就是凸透镜，通过对照相机、投影仪和放大镜的观察，教师引导学生观察发现都能成像，但是三者成像却都不相同，由此提出问题：1. 凸透镜的成像情况跟物体的位置有什么关系？2. 像的虚实、大小、正倒跟物体的位置（物距）有什么关系？激发学生的学习兴趣，使学生进入主体性学习的角色。

（二）分组讨论，大胆猜想

对提出的问题进行猜想，目的是培养学生直觉思维的能力，它是以学生既有的整个知识结构和经验为依据的、直接而迅速的认识过程。分组讨论，可以活跃学生的思维，鼓励学生大胆猜想，教师适当点拨。可一边演示一边分析：照相时，物体到凸透镜的距离比像到凸透镜的距离大，使用投影仪时物体到凸透镜的距离比像到凸透镜的距离小，学生猜想出像的大小可能与物体到凸透镜距离有关；通过学生观察讨论，像和物体究竟在凸透镜两侧还是同一侧，猜想出：像的虚实、正倒可能跟像和物体是否在同侧有关等。这样引导学生合理地分析讨论，让学生感受科学探究的一般方法。

（三）设计实验，探究新知

为了节省时间，增大演示的可见度，可以先把“怎样使用光具座”制成视频课件，介绍光具座及刻度尺，导轨中间放置凸透镜，两边分别放置蜡烛及光屏，点燃蜡烛，将蜡烛放在某个位置，烛焰通过凸透镜就可以成像。蜡烛长了，怎么办呢？有意识地提醒学生要使像成在光屏中央，烛焰、凸透镜、光屏中心大致在同一高度，放在一起，比一比，不等高就要调节螺母。在学生实验前，指导他们设计数据表格（见下表）：

物体到凸透镜的距离	像到凸透镜的距离	像的大小	像的正倒

在实验中，指导学生怎样才算观察到像，这是非常重要的。当光屏上有了烛焰的轮廓，再移动，清楚了，继续移动，又变得不清楚了，移动下去，烛焰的轮廓从光屏上消失。要学生分析，光屏上承接的都是烛焰的像吗？然后再引导分析，物体的位置确定以后，像的位置应该是唯一的，哪个是所成的像呢？在实验的过程中，不强调蜡烛放在离凸透镜多远，有的小组不管怎样移动光屏，都不能看到像，不妨卸掉光屏，在光屏一侧透过凸透镜观察烛焰，能看到烛焰的像吗？再指导学生去观察所成的像的大小、正倒、物体和像到凸透镜的距离的规律。通

过不断完善设计，完善实验，使学生感受到探索的艰难，同时也品尝到成功的喜悦。

（四）分析现象，体验感悟

根据实验得到的数据表格及成像的情况，相同的光具座和凸透镜，为什么烛焰在光屏上会成不同的像呢？学生根据自己的实验结果，通过和凸透镜焦距的比较发现，凡是在光屏上成像的，物体到凸透镜的距离都比焦距大；当像和物体在凸透镜同侧时，是正立放大的，无法在光屏上成像。在这里可以通过分析平面镜成虚像过渡到此时凸透镜成的也是虚像的道理。这个过程，教师不是对自己的思维进行总结，而是在学生自我体验感悟的基础上，总结归纳：物体通过凸透镜可以成不同的像，发现成不同的像其“物距”不同，进而总结出凸透镜成像的规律。这与传统教材中直接给出“物距大于二倍焦距”“物距在一倍焦距以外二倍焦距以内”“在一倍焦距以内”的陈述迥然不同，而是让学生自己分三步完成科学探究：一步带路，二步放手，三步得结论。这是两种完全不同的教学理念，学生得到的是两种完全不同的体验。

（五）归纳总结，交流评价

学生通过回顾本节课的探究过程：提出问题→大胆猜想→设计实验→进行实验→分析现象→交流评价，思考从中学到了什么？还想知道什么？实验的数据中还能发现什么？能否利用不同的凸透镜成等大的像？各小组交流。

（六）课外实践，发展个性

课外实践充分体现应用性、灵活性和实践性，是对学生个性的完善，是培养学生正确运用知识解决实际问题的能力的大好时机。学了本节内容，让学生了解有关照相机的常识，如：想照远景怎么办？想把登记照片的人像照大点儿应该怎么办？一个凸透镜打掉了一半，还能研究它成像的规律吗？通过这些操作和探究，让学生领略到物理知识在生活中的应用，使学生始终保持求知的渴望，也真正体现了从生活走向物理，从物理走向社会的理念。

实践证明：在物理实验教学中，按照“创设情景，提出问题→分组讨论，大胆猜想→设计实验，探究新知→分析现象，体验感悟→归纳总结，交流评价→课外实践，发展个性”这六步教学模式实施小组合作学习，能使学生通过经历与科学工作者进行科学探究时的相似过程，学习物理知识与技能，体验科学探究的乐趣，学习科学探究的基本方法；同时通过过程与方法的获得过程，领悟和形成科学的思想和精神，由此形成的情感、态度和价值观又促使学生进一步再去探索新的知识与技能，进而开启新的探索历程。

六、实验教学中小组合作学习存在的问题剖析及对策

在物理实验教学中，由于小组成员的差异性，学习不可能是一帆风顺的，总会遇到一些挫折或困难。如动手实验的少，观看实验的多；开口讨论的少，闲谈胡说的多。以上问题不解决，小组合作学习最后会成为一种摆设。

案例：某位教师在上《电磁感应现象》这节课时，采用合作学习模式。把书本上的演示实验改为学生分组实验，让学生亲自动手，小组合作，共同探究电磁感应现象产生的原因。结果实验室里热闹非凡，但真正动手研究的学生不多，大多数学生看着实验器材不知所措，小组中的其他成员不是互相嬉闹，就是看“表演”，小组汇报时也只是几个学习成绩比较好的学生回答老师的提问。由此可见，在物理实验教学中，组织开展小组合作学习应当注意以下几方面的问题：

1. **流于形式性，缺乏实质性**。

在物理实验教学中开展小组合作学习，应该说这位教师的设想是好的。但在这个课堂里，学生能学到什么？体验到什么？师生、生生之间互动合作进行到了什么程度？许多教师对合作学习不太了解，感到茫然但又无处借鉴。于是我们经常看到这样一些现象：课堂上又是小组合作讨论，又是表演，又是动手操作，又是研究成果展示，课堂气氛很活跃。仔细分析便会发现，所谓学生的合作学习只流于形式上的热热闹闹，并不能使小组中每个成员都积极参与到有着共同目标、明确分工的学习活动中去。

2. **目标不明确，分工不落实**。

合作学习是有着明确目标和分工的学习活动。但在合作学习实践中，有不少教师往往很注重自己的课时任务的完成，而较少关心或指导合作学习小组具体目

标的实施，小组成员的任务分工更是少过问。于是，我们就看到了类似“案例”中学生合作学习的那种状态：忙的瞎忙，闲的很闲，闹的很闹。究其原因，首先在于教师对合作学习目标认识不足；其次，受传统评价观影响，教师往往把自己置身于合作学习之外，缺乏与学生共同进行科学探索的体验，只对合作学习的结果做评价，这样，教师就很难认识到目标定位、任务分工上存在的问题。因此，只有教师真正参与合作学习，才能对小组合作学习进行有效指导。

3. **少数人学习，多数人游离**。

在实际课堂教学中，有的教师“一问即议”，学生小组讨论，然后小组代表发言，最后教师统一大家意识。这样的小组合作学习势必使部分学困生，失去对问题思考的动力，导致他们只有静观坐听的份，成了思维敏捷的优等生的陪衬，造成学生学习的两极分化，使教师走入了“重讨论，轻思考，重群体，轻个体”的误区。热热闹闹的小组合作学习，掩盖了学生个体的独立思考，表现形式是少数人学习，多数人游离。小组合作学习时，学习好或者性格外向的学生频频发言，其他人则成为“多余人”，坐在那里静听；小组汇报时，真正发言的仍是那一两个学生。在这样的课堂上，参与合作学习的只是少数几名学生，大多数学生则游离于学习过程之外，达不到共同发展的要求，因此也是失败的小组合作学习。

4. **讨论不深入，评价不到位**。

一节成功的课例，必须有一个思想成熟、考虑周密的教学设计。如果教师没有成熟的教学设计，课程目标不清楚，课堂教学层次不清晰，师生、生生之间的活动和对话讨论就会缺乏明确的主题，学生的讨论就会放任自流。这时就需要教师要深入其中，了解学生的学情，及时对课堂教学进行调控，如果教师不深入或深入得不充分，势必影响课堂效率。在物理课堂教学中，教师没有对学生的课堂活动进行总结评价或总结评价不到位，学生到底有哪些收获，还有哪些问题没有解决，教师不清楚，这样就失去了小组合作交流的作用。

在课堂教学评价中，教师尤其要注重发挥同学之间的互评作用。事实证明，来自同伴之间的激励作用是巨大的。美国一位名叫海伦的教师，在教育后进生效果不佳时，想了一条“妙计”：让每个学生用纸写下其他同学的优点，然后海伦再把每个学生的优点集中起来，抄在一张张小卡片上，分发给每一个学生。学生们看到“优点单”上写的自己的优点，一个个惊喜万分，这张并不起眼的小卡片，让优秀学生的优点更加突出，使他们更加自信，同时也使那些有这样或那样缺点的后进生看到了自己的优点，增加了自信。海伦的学生中有位叫迈克的青年军人——这个当年因上课捣蛋而被老师用胶带封住嘴巴的学生，后来还把这张卡片带到了越南战场上。他阵亡后，人们从他的衣袋里发现了那张因折叠、磨损而破旧的、有的地方还被粘贴过的卡片，那就是由同学们评述而由老师亲手抄写的展现迈克最好品行的卡片！由此可见，同伴间的激励，更能使他们在遇到困难的时候产生强大的动力，增强克服困难、战胜挫折的勇气。

总之，小组合作学习是培养学生创新精神、探究意识和合作能力的重要学习形式，也是促进学生学会学习，学会交往的重要形式，它将合作、竞争和个人行为融为一体，用好小组合作学习，在提高物理实验教学效益中，将起到极大的促进作用。

第三节　小组合作在物理第二课堂中的应用

物理第二课堂开设内容是灵活多样的，不受课本、课程标准和考试说明的限制，目的是通过第二课堂的开设激发学生学习物理的兴趣，开拓学生思维，让学生更加喜欢学习物理，可以全面提高学生的综合素质，为学生可持续发展提供一个很好的平台。就形式和方法来讲，它有很大的灵活性，可以是个体参与完成，也可以是通过小组合作式学习来共同完成，究竟采用何种形式，要看选用第二课堂的内容来决定。如何在物理第二课堂中实施小组合作学习，可从如下方面来建构：

一、遵循学生实践性原则

第二课堂是第一课堂内容的延伸和拓展，目的是让学生有多点亲自动手的机会，培养学生的动手能力。每周要安排第二课堂的固定时间，第二课堂的选题要具有合理性，尽可能是第一课堂内容的补充，从社会生活问题出发，通过设计方案、器材等来解决具体问题。如：学生学习《流体压强与流速关系》这节课后，初步了解飞机翼的构造原理，并对它的结构感兴趣。如何进一步激发学生探究，可以考虑在第二课堂开展“纸飞机比赛”，让学生通过自己的亲身经历来了解知识形成、发展和应用过程，丰富、巩固学生所学的知识，培养学生动手能力。如：

设计案例 1：

纸飞机比赛

负责人：科技社社长及社员。

参赛对象：七、八年级学生，每班在自己班上进行初赛（全体学生参加）后选送 5 个学生参加决赛。

时间：第二课堂时间。

参赛要求：学生在规定时间内统一制作、试飞、比赛，以纸飞机手掷的远近确定比赛成绩，材料是 A4 纸，统一由学校提供，要求在规定时间内由家长折好飞机（写上班级及姓名），由学生进行投掷，每位选手连续投掷三次。（比赛规则及纸飞机制作方法到科技社领取）

比赛地点：学校操场。

评奖办法：

（1）总成绩评奖：分年级评出一、二、三等奖各 1、3、6 名，颁发奖状。

（2）其他方面评奖：分年级评出一、二、三等奖各 1、2、4 名，颁发奖状。

活动细则：

（1）参赛者到场后需进行签到，当轮到学生准备上场，仍未签到，该生视为弃权。

（2）参赛选手必须在正式上场前，制作两架纸飞机（可现场制作），并在自己的纸飞机上写选手的姓名及班级，以便核对成绩。

（3）纸飞机的制作只能以折叠的方式，不允许撕扯、粘贴、切割、拆分、装订或填装其他物品。

（4）制成的纸飞机至少要有双翼，要符合典型飞机造型，标准由现场工作人员判定。

（5）参赛选手有三分钟的时间进行掷飞三次，最终成绩取最佳成绩。

（6）飞行距离测量以投掷线为起点，以飞机落地完全静止后飞机机身靠近起始线一端为飞行距离终点进行测量。以起点与终点之间的直线距离为准。

（7）如果飞机在飞行过程中碰到了其他障碍物后坠落，以最终静止位置为终点。

（8）掷飞后因人为干扰而影响的比赛成绩不记入总成绩，该次掷飞成绩作废。

（9）若掷飞成绩不足 5 米，不计入成绩。

附小组活动参加第二课堂比赛照片：

图 8-3-1　掷飞机比赛

二、遵循学生合作性原则

由于第二课堂通常都是采用小组合作，因此制定第二课堂的内容要应充分考虑到小组各成员的分工需要，任务的完成需要依赖小组内全部成员的共同努力，可以将总任务进行分解，由小组内不同能力类型的学生都能独立完成的分任务组成。这样才可充分调动小组内每个成员的积极性，让他们体验到合作带来的快乐，并促进小组成员间情感的交流，增强学生的合作意识的和合作能力。如：

设计案例2：

鸡蛋撞地球比赛

负责人：科技社社长及社员。

参赛对象：七、八年级学生及学生家长，每班在自己班上进行试赛后选送5对父女（子）或母子（女）参赛。

比赛地点：足球场。

参赛要求：将一枚普通生鸡蛋（自重约为50克，鸡蛋由学校提供）从四楼抛到水泥地面上的指定范围，在蛋壳不破裂的前提下，整个作品质量越轻、体积越小、外观漂亮得分越高，得分最高者为胜。比赛用鸡蛋不能经物理或化学方法处理。以班级为单位，每班选送5件作品参加比赛，并在参赛前在作品显眼处写上参赛者班级、合作小组组员姓名。

评奖办法：分年级评出评出一、二、三等奖各1、3、4名，颁发奖状。

比赛规则：将1枚生鸡蛋从高处定点投掷（投掷范围为4 m×4 m的正方形区域），可设计制作相关装置，在鸡蛋下落过程中起减速、缓冲等保护作用，并使鸡蛋不破碎。

注意：可使用气球与降落伞，水泥地面上不可铺设任何物体。

装置设计及投掷实践的目标：在实现鸡蛋不破碎的前提下，投掷的定点尽可能准确，装置的质量（不含鸡蛋）尽可能小，采用的材料尽可能普遍易得，结构尽可能简单，并且设计具有创意。

比赛类型：承载鸡蛋的装置使用外包装型，即要求保护装置的外观尺寸一般为20 cm×20 cm×20 cm（长×宽×高）以内。装置的材料、形状、结构不限，但装置质量不得超过200克（鸡蛋着地情况相同，则装置质量越轻，获得优胜的机会越大）。结构巧妙具有创意的装置会获得特别加分，希望同学们要多想办法，争取更多更有创意的作品出现。

规定要求：

（1）各代表队按各班班别顺序比赛。

（2）平时练习用的鸡蛋自备；比赛用的鸡蛋在参赛由学校组统一发放到各

班，由参赛队员自行装入保护装置。

评分标准：

（1）外包装型设计、装置质量与尺寸。（30 分）

①质量与尺寸均符合限制要求（30 分）

②质量或者尺寸任意一项超标（15 分）

③质量与尺寸均不符合限制要求（0 分）

④质量或者尺寸超过限制要求 50% 以上取消比赛资格

（2）鸡蛋着地效果计分。（50 分）

①落在指定范围，鸡蛋无损坏，无裂缝（50 分）

②落在指定范围，鸡蛋轻微损坏，蛋壳破裂但蛋黄未流出（40 分）

③落在指定范围以外，鸡蛋无损坏，无裂缝（30 分）

④落在指定范围以外，鸡蛋轻微损坏，有微小裂缝（20 分）

⑤落在指定范围，鸡蛋严重损坏，有较大裂缝（10 分）

⑥落在指定范围以外，鸡蛋严重损坏，有较大裂缝（0 分）

（3）装置完好程度。（20 分）

①在保护鸡蛋的同时，装置在下落后不破损（20 分）

②装置在下落后轻微破损，可立刻修复（10 分）

③装置在下落后严重破损，无法修复（0 分）

④结构巧妙具有创意的装置会获得特别加分（0 ~ 10 分）

注：分数相同的情况下以质量或体积较小的装置取胜。

三、遵循学生自主性原则

新课改的根本就是要转变学生的学习方式。其中一个要点就是引导学生自主性学习，激发学生自主学习的兴趣，教给学生掌握自主学习的方法，培养学生独立思考、主动探索和自主学习的能力。美国著名心理学家布鲁纳说：“学习的最好刺激，乃是对所学内容感兴趣。”兴趣是提高学生学习效率的源动力，只有这样才能激发学生自主地去学习，因此在进行第二课堂时，还要设计一些内容学生可以自主独立地完成，即是体现学生的主体性。

设计案例 3：

垒扑克牌比赛

负责人：科技社社长及社员。

参赛对象：七、八年级各班，初试以后，各班选派 5 位学生（必须有 2 位女生）参加。

规则要求：

（1）每班提供扑克牌 2 副，各组用扑克牌在水平的桌面上垒高，垒得高者获胜。可以将每张扑克在外形上做处理，但不能借助其他工具。

（2）现场 20 分钟完成，完成后不能借用其他任何工具（或手）给以支撑。垒高的扑克能稳定 1 分钟。

评分办法：以测量垒牌的高度为准，最后根据每班 5 位学生所垒的高度相加的总和来评奖。

比赛地点：体育馆二楼。

评奖办法：

（1）总成绩评奖：分年级评出一、二、三等奖各 1、3、6 名，颁发奖状。

（2）其他方面评奖：分年级评出评出一、二、三等奖各 1、2、4 名，颁发奖状。

附小组活动参加第二课堂比赛（纸比赛）照片：

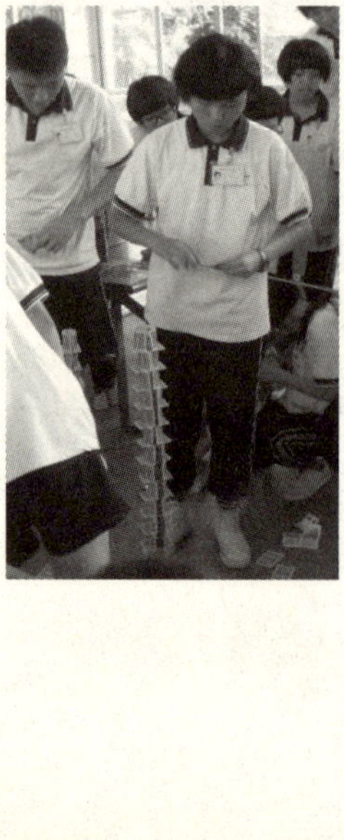
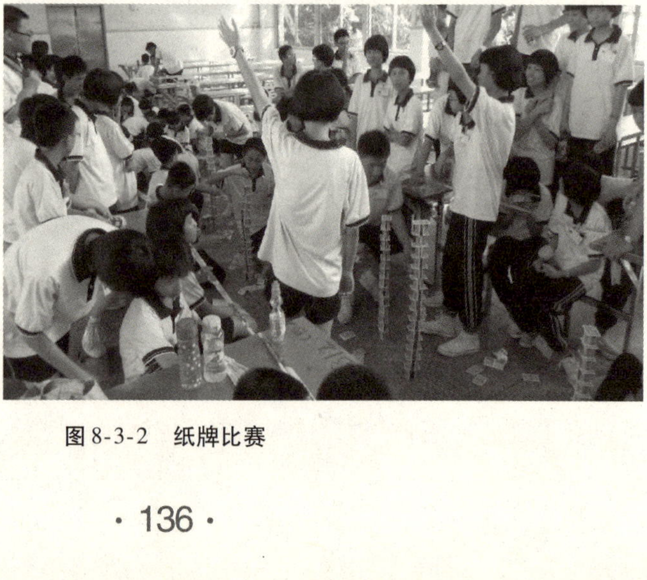

图 8-3-2　纸牌比赛

四、遵循学生启发性原则

第二课堂内容设计要对学生具有启发性，最好能够让物理知识起到承上启下的作用，这样有利于培养学生的发散思维，激发学生学习物理的兴趣。设计第二课堂的任务不能过于简单，否则学生完成后，学生的思维就到此为止，所起的作用也只是任务本身的内容。第二课堂内容设计要具有合理性，即是学生完成这个任务后，或是激发起学生进一步学习物理知识的积极性，或是给学生的启发，让学生感悟出适合自己的学习方法，而这就是任务设计的最高境界。

设计案例 4：

纸桥承重比赛

负责人：科技社社长及社员。

参赛对象：七、八年级各班，每班选派 3 位学生，各个参赛组需制作出一座符合要求的成型纸桥进行比赛。

报名时间：2014 年 5 月 28 日，报名表交科技社的负责人。七、八年级每个班级至少上交一个设计方案的作品参赛，此后两周为选手制作纸桥的时间。

评分规则：

1. 总分 = 承重分 ×70% + 造型设计分 ×20% + 现场讲解分 ×10% 。

2. 称重计算方法。

（1）纸桥承重前先称其重量 W_1，纸桥的最大承载重量 W_2，载重比 $A=\frac{W_2}{W_1}$。（注：结果只取到小数点后两位）

（2）载重比最大的队伍承重分为满分 70 分，其他的队伍得分按照承重比排名，由 70 分依次递减（递减数差为 3 分）。

3. 在选手的同意下可再次逐一添加重物，但一旦纸桥坍塌，则成绩取消。

4. 造型设计分、现场演说分由现场评委酌情给分。

5. 若出现总分相同的情况，则按载重分排名，载重分高的名次靠前。

6. 评分表。

参赛选手（小组）编号：__________

评分项目	得分
承重分 70 分	
造型设计分 20 分	
现场讲解分 10 分	
总分 100 分	

奖项设置：

本次比赛依高低分评出一等奖 1 名、二等奖 2 名、三等奖 3 名，优秀奖若干名，并颁发证书。

注意事项及要求：

（1）参赛队伍提前半小时进入比赛地点，并抽签决定参赛次序。

（2）比赛开始后各参赛队伍按抽签次序依次称量，由评委对最大承重比、纸桥造型设计和现场演说三个环节进行打分，并计算出总成绩。

（3）任何有异议的申诉必须在赛后 10 分钟以内提出，超过 10 分钟，将视为放弃申诉权，不再受理。

（4）比赛结束后，评委会将对获奖作品进行拆卸检查，请比赛选手不要使用违禁物品，一经发现取消其比赛成绩。

图 8-3-3　纸桥承重比赛现场

设计案例5：

航模比赛

负责人：科技社成员。

参赛对象：七、八年级各班学生。

比赛地点：学校运动场。

竞赛规则：比赛采用统一套材“蓝鸟号”橡筋动力模型飞机进行比赛，参赛者到黄乐华老师处报名领取道具，模型可以优化改进，模型飞机使用的橡筋质量和重量不作规定。比赛每人飞行2次，橡筋动力模型飞机计留空时间，其中取一次最好的成绩，得分高为胜。

成绩评定与奖励办法：

全校分班级进行比赛，单项录取前5名，不足5人减1录取，进行奖励，并按6、4、3、2、1分计入团体总分，团体分组选取第一名颁发奖励。

设计案例6：

“水火箭”制作、发射比赛

负责人：科技社社长及社员。

参赛对象：七、八两个年级参加，先进行班级初赛，然后由每班选5人组队参赛。

比赛地点：学校运动场。

大赛主题：体验　快乐　成长

大赛内容：分为“水火箭”优秀外观评比和“水火箭”远程发射比赛两个板块。

（1）“水火箭”优秀外观评比：根据美学角度，设计新颖，科学性评选出优秀“水火箭”外观设计奖。

（2）“水火箭”远程发射比赛：以火箭飞行距离为准，从起飞点至落点距离越远成绩越好。

奖项设置：“‘水火箭’优秀外观评比”和“‘水火箭’远程发射比赛”分别

设一、二、三等奖。各奖项的获奖比例根据报名人数设：一等奖 10%、二等奖 20%、三等奖 30%。

图 8-3-4 “水火箭”比赛

第九章　小组合作式教学在物理习题教学中的应用

第一节　习题课进行合作学习的必要性

习题课作为物理学科教学的一个重要环节，在物理习题教学中，改革的步伐明显不足。在中考的压力下，九年级的物理作业、习题比较多。在上习题评讲课中，老师多会采用传统讲授课的形式，即给出答案，然后老师把自己认为该讲的题进行讲解，学生只能就题论题，听听而已，被动接收，学生的思维活动受到极大的禁锢和限制，容易造成部分学生思维的惰性，不利于学生的发散思维的培养。组织学生开展小组合作学习，不仅可以帮助学生巩固、活化、深化所学知识，而且在培养学生思维品质，提高学生分析问题的能力，帮助教师了解教学效果等方面有不可替代的作用。在物理习题教学中开展高效的小组合作学习可以培养学生之间互相帮助、共同提高的团队精神。

在习题课中开展小组合作学习的教学手段有很多，可以采取“教师批改→组内讨论→组间交流→学生讲解→教师点评→巩固提升”模式。上习题课最好采用异质分组，即每个学习小组由学习基础、学习能力、性格特点、兴趣爱好不同的学生组成小组，主要提供学生有更多的机会认识不同的学习对象，听取不同看法、分享彼此的经验，让学生获取多种思想，取长补短，找到适合自己的学习方法，提高学习效率，比较容易达成自己的学习目标。每个小组由4～6名学生组成，小组发言人可由小组同学民主推选或轮流发言的方式产生，具有不确定性，这样的产生方式好处在于小组发言不会成为一两个人的“专利”，更有利于培养学生语言表达、沟通和合作能力，在一定程度上避免小组中性格内向学生在小组合作学习教学情境中处于弱势地位的现状。

1. 教师课前批阅

在上习题课之前，教师首先将学生的导学稿、作业或练习卷等进行批改，找出学生的易错点，了解错误的重点题型、知识点，及时选定合作方式，通过议、导和练形式，将重、难点突破，并围绕易错重点题型进行变形来拓展巩固习题。

2. 引导正确讨论

采用小组合作学习的目的是培养学生沟通、交流与合作的能力，从而激发学生学习的积极性，每次讨论的适宜时间不超过5分钟，讨论内容要有目的性和针对性。可以按小组规定组员的顺序上台或按学号轮流发言，教师及时对小组合作学习做好学生的“协助者”和“引导者”，引导学生制定什么该讲、如何讲和解题的思路，学生的讲解要有针对性，教师要及时对小组合作学习活动进行监控管理，逐步增加习题教学的容量、适时的点拨；要注意适时调控、激活，提高小组合作学习实效性。

小组合作学习要有序、有效地进行，引导学生正确讨论是关键。尤其是要深入并参与到课堂中：小组讲解人人参与，互为补充，引入竞争机制，做好加分评价方式。在课堂上，按照小组进行对照，先解决基础的、简单的错题。对于意见不统一的题目，组内同学展开辩论，各自阐述自己的理由。此阶段老师尽可能不要讲题，但要了解学生存在的问题，最后引导学生解决问题。

3. 组织组间交流

由本级学生推选的中心发言人提出本组不能解决的问题，教师要及时组织其他小组进行点评、讲解和讨论，由另外组的同学进行补充回答，期间教师作为合作者、聆听者和指导者的角色来引导学生，帮助他们解决疑难。

4. 重难点巧解

对学生不能解决的难题，教师要及时进行讲解，进行纠错、总结、拓展和方法指导，可采用“精选题型”教学突破法。精心设计习题课是提高教学质量的重要保证，通过练习来进一步加深理解和巩固知识，才能把知识转化成技能，从而提高综合运用知识的能力。所谓精心设计习题，就是指在设计的习题要围绕重难点来进行，并善于将题目进行变形，做到举一反三。

第二节　小组合作物理习题教学

一、设计原则

1. 知识基础性原则

强调物理基础知识的复习、基本技能的训练和基本方法的熟练运用。夯实基础，才能提高物理学习的整体效益。对基础知识复习要全面、系统、扎实、灵活；对基本技能训练要熟练掌握，灵活运用；对基本的物理问题方法要注重提炼基本的解题方法。

2. 有效针对性原则

依据新课标及学生知识的掌握情况，有的放矢。寻找学生知识的缺漏处和能力的弱点，有针对性地选择、确定重点内容，集中时间和精力进行查漏补缺，促进物理综合解题能力的提高。

3. 自主合作性原则

要充分体现学生的主体地位，发挥学生的自主性，让学生积极、主动参与课堂的全过程，特别是要让学生参与题目的解答及归纳思路、整理方法的过程。同时强调小组合作性，充分调动学生学习的积极性、主动性和互补性，激发学生的学习兴趣和团队精神。

4. 知识拓展性原则

通过增加学生的题目训练，在原有物理知识的基础上提高、发展，向外延伸拓宽，而且解题方法要熟练灵活，有利于学生创新。要加强对学生解题策略与方法的指导，提高学生运用物理知识解决实际问题的能力。

二、主要功能

习题课的主要任务是配合课堂教学，带动学生进一步理解物理基本概念和基本规律，培养学生独立地分析问题、解决问题的能力。通过习题课，让学生在老师的引导下将感知化为理解并巩固，最后到能够自觉应用，因而对于学生思维能力的培养及知识的巩固有重要作用。它具有以下的功能：

1. **巩固强化的功能**

学生在新授课上学习并初步掌握了所学的概念和规律，但在理解上往往只是表面的、孤立的，并不能真正变成学生已有的知识网络中的一个环节，因此在用这些知识处理、解决新的问题的时候就不会非常顺利。另外通过对习题的解答和实际生活问题结合起来，能从不同侧面、不同角度完善对概念、规律的理解和内化，能防止认识上的片面性，对知识的理解才能深入。

2. **活化拓展的功能**

学生在通过对适当难度的综合题的解答过程中，有助于知识的活化。由于综合题涉及的过程多且较为复杂，因此要求学生必须灵活运用相关的概念和规律进行分析、综合、判断、推理，从而使平时所学的知识融会贯通，同时通过习题的背景知识和实际材料的大量结合，也是拓宽学生视野、扩大知识面的过程。

3. **理解物理量之间关系的功能**

物理规律包含物理定律、定理、公式。物理公式是物理定理和定律的数学表现形式。通过物理公式建立物理量之间的联系，而物理习题一般就是要以物理规律为指导，运用数学工具来解决具体问题。因此通过习题的训练，能使学生进一步理解物理量间的关系，了解物理现象间的内在联系。

4. **教学反馈的功能**

通过学生解答习题，教师可以及时了解教学效果。教师为确保教学过程的顺利进行，就要及时了解学生对教学重点和难点的掌握、理解情况，这单纯靠教师在课堂上的“察言观色”和简单的提问是远远不够的，必须让学生通过具体物理练习题的解答，充分暴露出在掌握、理解知识中遇到问题，使教师能适时地捕捉教学信息，准确地抓住学生学习中问题的症结，才能对症下药，及时采取有效的措施，进行教学上的补救，为进一步教学活动铺平道路。

三、教学策略

下面再结合多年的教学实践谈谈小组合作学习在物理习题课上的应用。

1. 首先利用小组合作物理基础知识着手培养良好学习习惯，及时巩固物理的定律和公式，也是每堂习题课前必掌握的知识。为了培养学生良好的学习习惯，要求学生从5个方面（公式名称、公式、适用条件、各字母表示物理量、各物理量的单位及符号）进行全方位复习。其次，根据认识规律要让学生能灵活应用物理定律和公式解决实践问题，教师应该先指导学生正确理解基础知识，并通过小组合作的方式对基础习题的解答训练，使学生掌握应用物理定律或公式解题的基本方法及运用物理量时单位必须统一的要求，进而使学生形成解答物理习题的基本模式，注重利用小组合作培养学生牢固掌握解题的规范和程序，为进一步深化做好准备。

2. 在掌握物理定律和公式的基础上认真钻研教材精选习题，注重利用小组合作提高学生思维和解题能力是习题课的核心任务。要达到这个目的，教师对习题的选择是关键。

（1）注意用理论和实际相结合来激发学生学习兴趣。理论联系实际是激发学生小组学习兴趣，启迪学习动机，活跃课堂气氛的一种重要方法。在日常生活中有许多物理现象是趣味性习题的好素材，我们可就题取材，这样编排的习题不仅容易激发学生学习兴趣，而且指导学生把理论运用于实际，使学生感觉到物理就在身边。

（2）注意用一题多解来扩展学生思路。“一题多解”是指通过不同的思维途径，采用多种解题方法解决同一个实际问题的教学方法。它有利于培养学生辨证思维能力，加深对概念、规律的理解和应用，提高学生的应变能力，启迪学生的发散性思维。例如，密度应用练习，“这种液体的密度是多少”等思路引申扩散思考。通过练习，促进知识迁移，并达到举一反三、触类旁通的目的。

（3）注意用一题多变来诱导学生思路。在习题课中的“一题多变”是指从多角度、多方位对例题进行变化，引出一系列与本例题相关的题目，形成多变导向，使知识进一步精化的教学方法。例如，在学生解答了“一列火车长200 m，以15 m/s的速度通过一座长1.6 km的大桥，问需要用多少时间?”这道题后，教师把题目改为：“如果这列火车以相同的速度，通过另一座桥用150 s，那么桥有多长?”还可以把这道题改成：已知火车长、桥长和过桥时间，求火车过桥速度；已知桥长、火车速度和过桥时间，求火车长等题目。通过这种“一题多变”

的习题探讨，开拓学生思路。

4. 习题课要发挥教师在物理习题课教学中的主导作用。学生在教师的引导下动脑、动笔或动口解答物理问题。大部分时间是学生活动，而教师的主导作用主要表现在指点、引路两个方面。(1)指点：学生在解题过程中，由于对物理知识理解不透，往往会出现生搬硬套现象。这时教师应抓住时机，找准症结，予以指点。进一步认识；(2)引路：对于难度较大的综合题，教师应采用降低梯度，分设疑点的方法，突出解题思路，把学生引上正确轨道。由于分层降低梯度，学生在教师的搭桥和引路下，顺利实现认识的飞跃。总之，习题课的教学不仅要体现以教师为主导、以学生为主体的师生关系，而且还应最大限度地调动发挥学生的内在因素和他们的积极性，全面培养学生各方面的能力。

四、具体做法

在物理教学中，习题课是必不可少的一种课型，它贯穿于整个物理教学的始终。习题课就是学生对所学知识进行整理、应用和消化的过程，目的是为了加深学生对物理概念和规律的理解，提高学生应用物理规律去处理实际问题的能力。传统的习题课模式多注重知识和技能目标而忽略了“过程与方法”“情感、态度和价值观”两个教学目标，容易使习题课堂枯燥。小组合作模式中的习题课注重的不仅仅是学生掌握和理解科学要领与知识技能，更关注的是学生在情感与价值观、科学探究的方法与能力、科学的行为与习惯等方面的进一步提高和发展。下面是笔者根据自己教学实践谈谈上好初中小组合作习题课的几个重要环节。

（一）课前注重教师和学生一起备好课

课前做好预备工作是上好习题课的前提。首先抓好导学稿使用环节，本质就是为了了解研究我们的授课对象——学生。也就是要备学生，我们备课前必须要了解到我们的学生的基础，了解学生的所求和兴趣特点。具体要求需要学生在规定的时间内认真预习，小组进行预习交流，组长归纳本节课的疑点，形成小组交流材料。

导学稿要在课前的自习课发给学生，学生充分预习，把不懂的东西记录下来进行讨论交流。可以是同组内的交流也可以是不同组的交流，把能解决的问题全部解决，再不懂的可以和老师交流。

其次学情诊断工作，就是课前教师收集学生已完成的导学稿及各小组集中的疑点或新发现的问题等，批阅并作出详细的统计。在此基础上有针对性地备好新授课教学设计，教师在设计时可以充分预设课堂中可能的生成情况，设置出富有思维含量的问题、谈论点和变式训练题，为高效课堂打好基础。

（二）课堂上注重放开手来把课堂交给学生

小组合作习题课是师生互动、生生互动的课堂，学生是课堂的主角，因而在教学中，教师应把自己定位为学生学习的服务者、组织者、促进者、启发者、帮助者、激励者，真正把课堂还给学生，突出学生的主体地位，实现多元激励性评价。具体有如下环节：

小组合作探究课堂展示，是实现学生主体学习的重要过程，它的目的是一方面展示学生小组学习成果，另一方面暴露对自学、群学中尚未解决的问题，并由学习组长将学习成果或暴露问题汇报给老师，便于教师把握学情，进行大展示。此时学生的主体地位应得到充分的体现，教师应用鼓励等多种教学方法引导学生去参与课堂展示自我。

互学质疑，展示环节可能会出现一些错误和疑点，那么互学质疑是解决这一问题的重要手段。教师引导学生大胆质疑，各抒己见，充分提高学生学习的主动性，培养学生敢想、敢说、敢问的精神。怎样引导学生提问，是优化课堂教学，培养创新精神不可忽视的一环。不仅要让学生掌握这节课的绝大多数内容，而且还要让学生能学到其他更多的内容。同时，也要让学生在上完这节课后的很长一段时间，仍然在研究那节课的内容，感觉回味无穷，并且在教学过程中培养学生的主动探究的个性，能够主动加入到课堂教学中去。

小组评价，每节课都对各小组作出评价，可以是积分制的。至少每个月评一次班级优秀学习小组，进行适当的奖励。在校园内粘贴优秀小组照片，掀起小组学习的热潮。发挥每个学生的力量，给予每个学生参与学习的平台，可以培养学生的创新意识与此同时体会到成功的喜悦。

教师点拨提升，就是在学生自学、讨论交流的基础上，教师根据教学重点、难点及学生展示交流、合作探究过程中具有普遍意义的疑点和重点问题，进行方法导引，思路点拨，明晰事理。同时，以这些问题为案例，由个别问题上升到一般规律，使学生在教师指导下寻找到新旧知识点之间的内在联系，构建知识网络，总结出主要方法及规律，培养学生的分析能力和综合能力，以起到触类旁通的教学效果。

（三）注重学生小组合作积极性的调动

在习题课上，教师要适应学生身心发展规律，严格遵循学科的教学模式。首先教学生学习方法，然后采用自主合作的探究方式。在小组合作学习过程中，为激发学生主动参与的积极性，使学生在学习时不觉得枯燥，笔者注重时常变换小组合作的方式。有时小组成员共同讨论，调动集体思维；有时针对一些学生有创新思路的热点话题，小组合作设计问题，表达交流；对于一些非常基础的知识，采用小组知识竞答的方式；对于一些应用性问题，小组分工完成，组间互评；有时也采用组内互评、自评等形式，完成学习目标。这样既为学生创设了能够充分表现自我的学习氛围，又提供了更多表现自我的机会和条件，而且每个学生在积极的互动过程中彼此交流，彼此尊重，共同分享成功的快乐，也锻炼了语言表达能力，增强了合作意识。

（四）关注学习小组每节课反馈的问题

针对每节习课堂及达标测评反馈出的问题，可适当设计谈论点，将问题进行集中汇总、梳理，课上通过小组合作谈论交流解决掉。如讲授《二力平衡》这节习题课时，不少学生的课前反馈表明分不太清“相互作用力和平衡力”的关系，于是笔者将这个问题设置为本节习题课的主要谈论点。课堂上经过笔者的一番鼓励，学生们开始探讨了。竟然有一组学生发现了一种相互作用力和平衡力关系的方法——一只手拉笔套，一只手拉笔尾，如果笔套和笔尾不脱离且处于静止状态，那么两个力是平衡力。如果笔套和笔尾刚松动脱离且处于分离状态，那么两个力是相互作用力。问题迎刃而解，还节约了课堂时间，还可以把反馈出的问题，适当设计成综合习题课，将问题进行集中汇总、梳理，课上通过小组合作、易错点辨析和典例分析、展示提升，达到强化巩固和变式训练的目的。

综合习题课可设计为“自主回顾，互助纠错→小组合作，易错点辨析→展示提升，典例分析→创新思维，合作设计→反馈评价，反思升华”五个环节，在第一个环节，学生可自主回顾所学的知识，尝试对应练习，通过对子帮扶、小组合作、师生合作，互助完成纠错和互考过程，使前面测试内容达到很好的反馈。在学生互助纠错的基础上，教师选讲几个共性的、学生很困惑的问题。这些问题的讲解不是基于给出答案、得出结论，而是对学生进行答题指导，进行方法传授。从审题、分析、找知识点、语言表述等方面给学生做示范，进行指导性精讲。

“小组合作，易错点辨析”这一环节，教师针对批改时掌握的情况，设计几个问题和与之配套的 2 ~ 3 个典型例题，俗话说“道理越辩越明”，学生在合作辨析过程中，积极思考，充分发表各自的主张与见解，在不断的争论中，问题越来越明朗，难点内容就会得到突破。

“创新思维，合作设计”这一环节的设计，是源于教师试卷批改时的感悟，有些问题站在教师的角度会感觉十分简单，教师通常会错误地认为全体学生都不会出现问题，可学生答卷时，偏偏出现集体出错的状况，这让我们深刻地体会到，教师认为的难点，未必是真正的教学难点，教师所预设的易错点，也不一定是学生答卷时的易错点，所以我们要坐下来，与学生同一高度去审视问题，要给学生创新与设计的机会，让他们参与到习题设计之中，精选他们设计的精彩之处，融入综合训练，达到从根本上解决问题的目的。

五、设计示例

初中物理思想方法专题复习

——控制变量法的理解和运用（导学稿）

姓名：　　　　　　　　　　　班级：

学习目标：

1. 知识与技能：通过多媒体教学和习题教学，使学生进一步理解和运用控制变量法。

2. 过程与方法：通过习题教学，提高学生综合分析和解决问题的能力。

3. 情感、态度和价值观：通过习题教学，让学生掌握研究物理的科学方法，培养学生严谨治学、团结合作的精神和良好的预习习惯、分析归纳习惯、敢于表达（说）的习惯和动手实验的习惯。

学习重点： 理解和运用控制变量法。

学习难点： 理解控制变量法。

学习过程：

（一）自主回顾，互助纠错

教师出示学习目标，学生对本节课的知识点进行回顾，在知识的回顾中互相纠正错误。

1. 什么是控制变量法？

控制变量法即是把一个多因素影响某一物理量大小的问题，通过固定某几个因素转化为多个单因素影响某一物理量大小的问题的研究方法，是物理实验教学和习题中常见的方法。

2. 分析教材中比较典型地体现这种方法的地方：

（1）研究“影响蒸发快慢的因素”的实验：①在液体表面积、液体表面上的空气流动相同的情况下，研究液体蒸发和__________的关系；②在液体温度、液体表面上的空气流动相同的情况下，研究液体蒸发和__________的关系；③在液体温度、液体表面积相同的情况下，研究液体蒸发和__________的关系。

（2）研究“影响电阻大小因素”实验：①先控制温度、材料、粗细保持不变，得出电阻的大小跟导线的__________成正比；②再控制温度、材料、长度保持不变，得出电阻的大小跟导线的__________成反比……

3. 看谁最聪明：你还能把课本上运用了控制变量法研究物理概念、规律的知识点找出来吗？

知识点（1）：____。

知识点（2）：____。

知识点（3）：____。

（二）小组合作，易错点辨析

学生对例题及其变式进行自主训练，通过学生间交流、合作及教师指导，达到训练的实效。

1. 为研究物质的某种特性，某同学测得四组数据，填在下列表中：

（1）将下表空白处填写完整；

（2）比较第 1、2 两次实验数据，可得出结论：同一物质，它的质量跟它的体积成__________；

（3）比较第 2、3 两次实验数据，可得出结论：质量相同的不同物质，体积是__________；

（4）比较第 1、4 两次实验数据，可得出实验结论是____。

实验次数	物体	质量（g）	体积（cm^3）	质量/体积（g/cm^3）
1	铝块 1	54	20	2.7
2	铝块 2	108	40	2.7
3	松木 1	108	216	——
4	松木 2	10	20	0.5

2. 在做“决定电阻大小的因素”实验时，为了便于研究，而采用控制变量法，即每次需挑选两根合适的导线，测出通过它们的电流强度，然后进行比较，最后得出结论。

导线代号	A	B	C	D	E	F	G
长度（m）	1.0	0.5	1.5	1.0	1.2	1.5	0.5
横截面积（mm^2）	3.2	0.8	1.2	0.8	1.2	1.2	1.2
材料	锰铜	钨	镍铬丝	锰铜	钨	锰铜	镍铬丝

（1）为了研究电阻与导体材料有关，应选用的两根导线是____________和____________；

（2）为了研究电阻与导体的长度有关，应选用导线 C 和导线__________；

（3）为了研究电阻与________的关系，应选用导线 A 和导线________。

3. 如图 9-2-1，装满砂的箱子总重为 200 N，在 50 N 的水平拉力 F 的作用下沿水平地面做匀速直线运动，箱子受到地面的摩

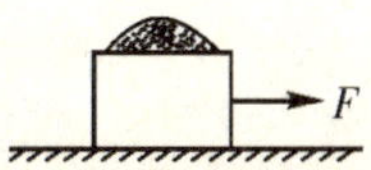

图 9-2-1

擦力是__________牛。要减少箱与地面的摩擦力，可以（填写两种可操作的法）：

（1）____。

（2）____。

4. 下面实验中不是运用控制变量法研究的是（　　）

A. 研究“牛顿第一定律”

B. 研究“影响压力作用效果（压强）的因素”

C. 研究“影响电流产生热量大小的因素”

D. 探究电荷间的相互作用规律

5. 下列表格是某同学做“研究液体的压强”实验的部分数据记录：

实验次数	水的深度（cm）	橡皮膜方向	压强计左右水面高度差（cm）
1	4	朝上	3.2
2	4	朝侧面	3.2
3	4	朝下	3.2
4	10	朝下	9.2

（1）实验次数1、2、3说明了______________________________；

（2）实验次数3、4说明了_________________________________。

（三）展示提升，典例分析

教师根据学生的做题情况，抓住典型题例，引导学生归纳此类题的解题思路及方法。

1.（中考试题）为了研究影响滑动摩擦力大小的因素，某同学做了如图所示的实验。

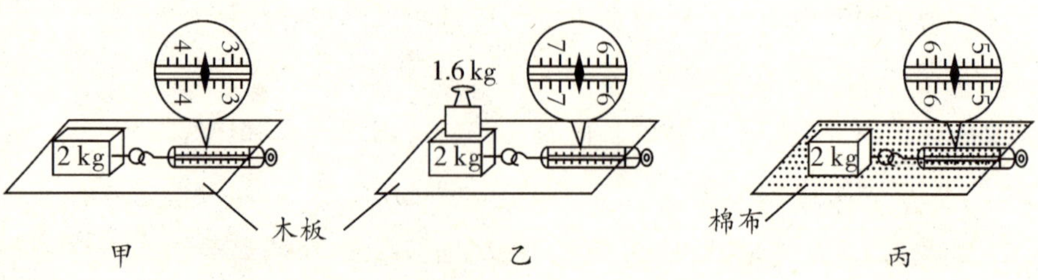

图 9-2-2

（1）实验中要使弹簧测力计示数等于木块所受滑动摩擦力的大小，应使木块在弹簧秤拉力的作用下做_________运动。

（2）比较图乙和图甲中弹簧测力计的示数可知_________滑动摩擦越大。

（3）比较图丙和图甲中弹簧测力计的示数可知_________滑动摩擦力越大。

（4）上述实验表明滑动摩擦力的大小与_____________有关。

（5）为了研究“影响滑动摩擦力大小可能与物体接触面积有关”，请你根据上述器材设计实验验证这一猜想。

（四）创新思维，合作设计

教师根据学习目标及学生的实际情况设计达标检测，旨在使学生熟练基本的解题思路和方法，达到对知识进一步拓展提高的目的。学生小组合作完成课堂小实验：

1. 利用身边的小器材设计“控制变量法”实验。如：矿泉水瓶，小刀，苹果、铅笔，小凳子、一杯沙……

选取器材	实验目的	实验方案

2.（中考试题）物理课后，小南和小雄将一块铜片和一块锌片插入西红柿，做成了一个“西红柿电池”。小南和小雄想探究西红柿电池的电压大小与哪些因素有关，小雄说：“可能与两金属片之间的距离有关。”小南想了想说：“也可能

与两金属片插入西红柿中的深度有关。”为了验证猜想是否正确，他们找来了电压表，连成了如图所示的电路。请你选择其中一个猜想，并提出验证方法。

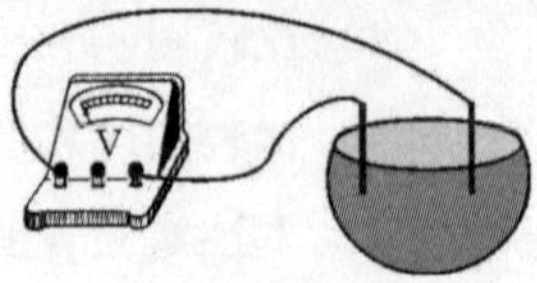

图 9-2-3

3.（中考试题）小明同学想比较金属材料甲和金属材料乙哪个更容易导电。现有金属材料甲和金属材料乙制成的各种不同规格的金属丝，规格如下表所示：

金属丝代号	材料	长度/m	横截面积/mm^2
A	金属甲	1	0.1
B	金属甲	0.5	0.1
C	金属乙	1	0.1
D	金属乙	1	0.2

请你帮助小明同学完成下面的实验方案。

（1）实验器材除上述金属丝、干电池、开关、导线外，还必须选用的器材有：____。

（2）实验中应选取的金属丝分别是：________（只需填字母代号）。

（3）请在下面空白处画出实验电路图。(用“—▭—”表示金属丝)

（4）在本实验中，你是如何判断哪种金属材料更容易导电的？

（五）反馈评价，反思升华

教师根据学生的答题情况做好反馈与评价，进一步强调基本的解题思路与方法，让学生在反思的基础上进一步熟练知识，巩固方法，达到能力上的升华。

学习过程反思（这节课的收获）	
专题复习方面	小组合作方面
1. 控制变量法的运用前提是什么？	1. 在小组合作学习中你做了哪些工作？发挥了哪些作用？
2. 控制变量法的运用关键是什么？	2. 在小组合作学习中你还有哪些方面需要改进？

综上所述，每一节课都需要我们细心去钻研、去思考。小组合作的习题课既是有规律可循的，又是需要创新的，正所谓“教无定法”，只要教师做个有心人，用探索的精神去推敲每一节课，那么成功之花定会在我们的课堂绽放！

附录一

广东省“十二五”规划课题“高效物理课堂中学习小组合作方式的实践研究”课题方案

一、课题提出的背景及意义

1. 现代社会的需求

随着社会不断发展，知识不断更新，要求公民必须具备良好的人文素养和科学素养，具备创新的精神、合作的意识和开放的视野，具备包括阅读理解与表达交流在内的多方面的基本能力，以及运用现代技术搜集和处理信息的能力。

“国际21世纪教育委员会”把学会认知、学会做事、学会共同生活和学会生存作为本世纪教育的四大主题，使所有学生都具有良好的科学素养已成为全世界科学教育的目标。重视探究与科学过程、课程内容的综合化和不断更新、教学手段的现代化，已成为科学教育的鲜明趋势。

2. 新课程改革的要求

物理教学作为科学教育的一部分，在培养学生的科学素养、发展学生的科学认识、培养学生的合作技能与综合实践能力等方面的起着举足轻重的作用。自主合作式教学作为一种在培养学生物理素养方面具有显著优势的教学方式，尤其对以观察实验为基础的物理教学内容的应用优势更明显。那么，如何将自主合作式教学方式应用于初中物理概念的教学呢？针对以上两方面的问题，我们进行了高效物理课堂中学习小组合作方式的实践研究。

3. 佛山市教育现状的需求

佛山市地处珠三角地区，经济、文化、教育都相对发达。我市在2002年已全面启动基础教育课程改革的实验，至今已十多年，目前，新课改已处于发展攻坚阶段，但仍存在着诸多不成熟、不健全的地方，表现如下：一是课堂上学生活动虽然不少，但教师始终舍不得放手学生，学生还是太过依赖老师，教师也习惯牵着学生的鼻子走，课堂教学模式仍然是教师主宰下的学生活动，学生处于被动发展状态。正因为如此，教师不能从繁重的教学中彻底解放出来。二是过分强调学生自主探究的功能，无论什么环节都进行自主探究。三是过分强调学生间的合作，太过依赖合作的色彩而严重忽视学生个体的能量与发展。

基于以上的认识，我们在广泛调研的基础上，结合佛山市物理学科教学的实际情况，拟订了“高效物理课堂中学习小组合作方式的实践研究”的课题进行研究，研究的意义在于课堂教学实践中摸索、探究出初中物理学习小组合作方式的有效教学策略，努力打造出民主高效的物理课堂教学模式，大力创造学生自主合作探究物理知识的学习机会，从而提高学生主体参与课堂的意识和自主学习的能力，进而优化物理课堂，推动物理新课程改革的进一步深入和发展。

二、国内外同一研究领域现状、研究的价值及理论依据

“合作学习”在美国20世纪70年代兴起，并在日本、加拿大、法国等几十个国家的中小学得到了广泛应用，已取得了实质性进展，形成了一整套教学理论和策略体系。合作是对自主学习的补充和促进，是适宜学生主动参与、主动学习的新的教学环境，是学生取人之长补己之短、互相学习共同进步的天地，是学生展示才华的舞台。其主要形式是“生生合作”“师生合作”“群体合作”。“自主”是教学过程的中心和目的。“自主下合作，合作中自主”重点是自主，合作是保证和补充。

在国外，认知心理学家布鲁纳、奥苏贝尔和加涅等人对概念学习进行了开创性研究，对概念的分类、概念学习的类型及心理机制、概念学习的影响因素等与概念教学密切相关的一系列问题进行了系统而深入的研究，使人们对概念学习的认识进入了一个新时代。

通过以上分析，我们知道，初中物理一线教师很难从国内外物理概念教学中借鉴到有效物理概念教学策略。因此，希望在本课题组成员的共同努力下，“自主合作式”的教学模式与初中物理概念教学的有机结合，能为珠三角地区教师建构高效物理课堂中学习小组合作方式的实践研究提供一些一线素材和经验。

三、课题的核心概念及其界定

1. 关于“自主学习”

自主学习是一种学习者在总体教学目标的宏观调控下，在教师的指导下，根据自身条件和需要自主地选择学习目标、学习内容、学习方法并通过自我调控的学习活动。是建立在自我意识发展基础上的“能学”，建立在学生具有内在学习动机基础上的“想学”，建立在学生掌握了一定的学习策略基础上的“会学”，建立在意志努力基础上的“坚持学”。

2. 关于“合作学习”

合作学习是一种双边和多边活动，既有师生互动，也有生生互动，主要包括学生个体与学生个体、学生个体与学生群体、学生群体与学生群体等彼此间的互动，有明确的责任分工，能增强课堂互动的有效性。

合作学习是目前世界上许多国家都普遍采用的一种富有创意和实效的教学理论与策略体系，在改善课堂内的气氛，大面积提高学生的学业成绩、促进学生形成良好的非认知心理品质等方面实效显著，被人们誉为是“近十几年来最重要和最成功的教学改革”。

四、研究的目的及任务

当前初中物理教学的主要目的是培养和发展学生的科学素养，激发学生的学习兴趣、情感，调动学生学习的主动性和自觉性，培养学生的合作意识和合作能力等。考虑学生的已有观念等方面存在的问题和缺欠，结合国内外已有的相关研究，开展高效物理课堂中学习小组合作方式的实践研究，是以小组自主合作为基本学习形式，来进行物理教学的探究与学习。本研究结合初中物理概念教学，在教学实践中摸索该模式的教学策略、应用条件及注意事项，对此模式进行优化整合，最终为学科教师提供符合当代科学教育要求的新型的教学模式，以及良好的教学实践指导。

五、研究的目标、内容与重点

1. 研究目标

（1）为一线教师提供合理有效的初中物理概念教学的策略，制定有效帮助学生构建科学概念的探究活动的实施程序、方法和技巧，进行有效的探究活动并以此提高学生构建科学概念的能力。

（2）增强学生科学探究的自主合作意识，使学生在科学探究学习中具有良好的学习态度，能够主动内化、主动发展，在增强思维的广阔性、严密性、深刻性和独创性的基础上，正确、有效地构建科学概念，学习效益和科学素养有明显提高。

（3）促进教师构建“自主合作式”的物理教学模式，促进教学过程的优化和教学效益的提高。

2. 研究的内容

“高效物理课堂中学习小组合作方式的实践研究”不是简单地重复别人的研究，而是要对所记录的典型教学事件进行理论分析，深入剖析并反思，从而促进后续教学方案的调整，提高探究效率，帮助学生构建小组合作学习。在研究过程中体现出我们特有的研究思路和研究方法，提高师生的教与学的有效意识。如怎样在物理课堂教学中，突出探究活动主题，整合三维教学目标，激发学生的探究热情，在学生前概念调查、合作小组的建立、教师板书设计和语言提炼等多方面，帮助学生形成正确的合作学习的方案。除此之外，我们还力图在更多方面，通过更多途径，寻找更多、更有效、更有示范价值的策略。主要研究内容有：

（1）学生形成物理课堂实施合作学习现状的调查研究，全面了解并分析学生合作学习形成的原因，探索寻求纠正对策。

（2）促使学生的物理小组合作学习的教学策略和方法的研究。

（3）初中物理小组合作式教学设计及案例开发的研究。

（4）高效物理课堂中学习小组合作方式的实践研究评价体系的构建，促进学生更好地建构初中物理概念，提升科学素养。

3. 研究的重点

(1) 物理小组自主合作式的教学设计及案例开发的研究。

(2) 高效物理课堂中学习小组合作方式的实践研究评价体系的构建。

六、课题研究的思路

1. 以多元智能理论、建构主义理论为支撑和研究指导

学习小组合作方式的产生既有赖于实践沃土的孕育，又有科学理论的支撑。当代著名的认知心理学家布鲁纳倡导的“发现学习模式”的教学，多元智能理论和建构主义的基本观点都为本课题的研究提供了理论支撑。本课题的研究，以心理学原理和新课程理念为指导，立足课堂，以人为本，以促进学生发展为本。

2. 在借鉴中创建“自主合作式”的过程模式

在自主合作式教学中，概念、问题与探究方式紧密相关，概念支撑问题（的解决)，问题蕴含概念，为概念的意义提供“背景参照”，两者又交织在科学探究活动这一共同“载体”中，形成一个“三位一体”结构的教学框架。

3.“自主合作式教学”策略研究思路

(1) 合理利用学生的“前概念”。

“影响学习的唯一最重要的要素，就是学习者已经知道了什么。”奥苏伯尔的这句话表明了探究新概念时要起始于前概念。学生头脑中前概念并不是孤立存在的，它往往与其他相关概念联结。有时教师不能充分预设学生的反应，这些问题的根源是由于教师对学生前概念发展水平不了解，造成课前不能充分地了解学生，不能根据学生的实际需要来设计探究活动。我们将采用问卷、课前和学生聊天、在课堂教学过程中让学生说感受、让学生在课堂上讨论甚至争论等形式，全面了解获得学生已经形成的“前概念”，为概念探究的有效性作好铺垫。

(2) 激发学生自主合作兴趣，使学生获得从事探究活动的积极体验。

在课堂自主合作探究过程中，学生的动机、兴趣、情感体验等因素始终与认知因素互相交织、互相制约，既是永远伴随并维系探究活动的内在动力性因素，也是影响概念转变与科学概念建构的内在概念生态因素。因此创设良好的探究情境有利于自主合作式教学。开展探究式教学的起点是以“问题”为核心。我们尝试对一些概念用问题、感受、或某种经历来激发学生的探究意识和行为。

（3）建立“环境概念生态”，优化探究教学策略。

环境概念生态是通过作用于学生的内在概念生态间接地影响概念转变过程，因此它同样很重要。而在教学实际中，教师很少给学生足够的时间和空间，并没有引导学生深入反思原有概念、建构科学概念，这就失去了探究的价值。组织学生进行有价值的讨论，将学生置于会与不会的边缘。讨论前要先给学生自主独立思考的时间。讨论问题的选择一定要把握好，要值得讨论，讨论必须是有效的。组织讨论时要事先做好分工，最好有组织者，即有小组长；分组时要有所分工，并遵循平等、民主的原则，允许小组中产生不同的意见和争论的现象。

七、研究的过程

（一）准备阶段（2010 年 9 月—2010 年 11 月）

1．成立课题组，明确课题组成员的分工。

2．组织全体课题组成员学习相关理论，同时学习与课题研究有关的课题研究经验，寻求借鉴，在此基础上形成课题方案。

3．填写课题申报评审书。

4．做好部分文献研究和调查工作，为实验阶段做好充分的准备。

5．召开全体课题组成员会议，并进行相关理论培训，从理论和实践两个层面明确研究的目的和意义。

（二）实验阶段（2010 年 12 月—2012 年 12 月）

1．继续搜集整理有关文献资料，进行文献研究，进一步完善本课题研究的理论依据，并对本课题进行理论层面上的研究。

2．编制调查问卷，选取研究对象进行问卷调查，写出调查研究报告。

3．召集课题组会议，共同商讨出典型概念的几种“自主合作式教学”模式，供课题组研究人员在课堂教学中进行实验研究。

4．组织课题组研究人员对课堂教学进行实验研究，构建科学有效的“自主合作式教学”模式，并形成相关策略，同时进一步研究评价问题，制定一套适用于“自主合作式教学”的评价制度。

5. 全体课题组研究人员总结研究经验，积极撰写研究论文，参加各种形式及会议的交流，争取有更多的研究论文发表和获奖。

6. 组织多种形式的课题研讨会、成果报告会、经验交流会、交流课题研究情况，总结研究经验，修正研究方案，进一步提高研究质量。

7. 一学期至少组织一次全市课题成果汇报，由研究人员上汇报课，邀请专家听课评议。

（三）总结阶段（2013 年 1 月—2014 年 4 月）

1. 汇集整理各种资料，统计实验数据并形成分析报告、汇编论文和案例集，各种材料装订成册。

2. 撰写课题工作报告和课题研究报告。

3. 邀请有关教科研专家和教育行政部门领导对本课题进行评估鉴定。

具体行事历：

（1）2010 年 10 月，举行课题问卷调查，撰写调查报告。

（2）2010 年 11 月—2012 年 12 月，正常开展“自主合作式”课堂教学模式教学专题研讨课。

（3）2013 年 1 月，邀请省、市、区物理教育专家到学校进行课题指导论证。

（4）2013 年 2 月、6 月和 2013 年 3 月、5 月，分别召开课题组成员会议，进行“自主合作式概念教学”理论学习。

（5）2013 年 6 月和 2014 年 4 月，学校分别组织师生进行“自主合作式”评价。

（6）2013 年 10 月，学校进行课题中期考核评估，撰写考核评估报告。

（7）2014 年 4 月和 2014 年 4 月，学校进行阶段性总结，完善和整理材料。

（8）2014 年 4 月，学校进行课题后期考核评估，撰写结题报告和工作报告。

八、课题研究的方法及手段

本课题主要采取以下方法及手段进行研究：

1. 文献研究：利用文献法学习收集相关理论，特别是新课程理念、多元智能及建构主义等理论，并做好实践分析。

2. 调查法：定期（研究初期、中期、后期各一次）对现行研究的问题进行问卷设计、调查验证，不断总结经验，积累经验成果。

3. 案例法：用案例研究的方法验证和思考概念教学的可行性。

4. 行动研究法：整个课题的研究思路、研究方案、研究内容在不断的探讨学习中调整方向，更为准确地把握重点，不断修正。

九、研究的对象

全校八、九年级学生，面向全体学生。根据本校的实际情况，又确定了各年级选取两个班为试验班，其余班为对比班，通过加大横向和纵向对比力度，从而使本课题实施方案落实到班级、个人，使方案更具有可操作性，教学教育更明显。

十、主要观点与创新之处

（一）主要观点

1. “自主合作式教学”是一种教育思想，打破了原来的“先概念、后规律”式的知识演绎顺序。

2. “自主合作式教学”是教学过程，以“小组”为核心，以“自主合作”为教学线索，揭示教学本质，达成教学目标。

3. “自主合作式教学”是一种教学模式，在新课程背景下，科学有效地构建小组合作学习教学模式，有利于新课程的有效实施和素质教育的推进，对于师生的全面发展意义十分重大。

4. “自主合作式教学”是一种为小组合作设计出创造性、多样性的教学策略，通过“情境创设”“问题探究”和“意义建构”，促进学生主动学习，理解和生成概念。

（二）创新之处

1. 形成多元智能、建构主义、信息整合等理论在教学实践中应用的经验，增强这些理论的实践性，同时从“自主合作式概念教学”视角丰富相关理论的内涵。

2. 构建科学有效的“自主合作式概念教学”模式，为物理新课程的有效实施奠定基础。

3. 形成合理的“自主合作式概念教学”策略，为促进学生科学素质的提高开辟新天地。

4. 构建科学有效的“自主合作式概念教学”评价体系，为促进学生的全面发展扬帆起航。

5. 形成“自主合作式概念教学”的方法体系，促进学生的智能开发，提高学生的思维品质和学习动机水平。

十一、预期研究成果

	成果名称	成果形式	完成时间
阶段成果	课题中期研究报告	交流、获奖	2013. 10
	课题研究论文	发表、获奖	2014. 4
	课题研究课件	光盘	2014. 4
最终成果	课题结题研究报告	发表、获奖	2014. 4
	课题研究论文	发表、获奖	2014. 4
	课题研究案例	发表、获奖	2014. 4

十二、完成研究任务的可行性分析

（一）学术背景

1. 课题实验组织与分工情况

课题顾问：

罗质华，教授，广东省第二师范学院物理系主任，广东省物理教育学会副理事长，具有深厚的理论功底、丰富的研究经验和很强的研究指导能力。曾多次主持全国教育部的教科研规划课题，并获教育部资助资金，对物理教育教学的研究非常有心得，是广东省新一轮“百千万名教师”培养对象的理论导师。

沈志亮，中学物理高级教师，清远市阳山县青莲中学教导主任，广东省新一轮“百千万人才培养工程”初中名教师，清远市名教师工作室主持人，2003 年广东省南粤优秀山区教师，2010 年广东省阅读之星活动优秀指导教师。

课题主持人：

陈进文，中学物理正高级教师，副校长，广东省新一轮“百千万名教师”培养对象。近年来，曾主持省、区教育部门多个规划课题，经课题专家组审核同意结题，被评为一等奖。被评为广东省第二师范学院物理系兼职教师，佛山市物理学科带头人，佛山市南海区高层次人才，佛山市优秀教师，市教科研先进个人等。

李雪珍，中学物理高级教师，科组长，佛山南海区骨干教师，有丰富的教学实践经验和较强的教科研能力，曾主持佛山市级课题研究，有多篇论文获省、市、区一、二等奖。负责课题的子项目研究、实验等。

黄元年，中学物理高级教师，南海区桂城街道学科带头人，有较丰富的教学实践经验和较强的教科研能力，曾主持区级课题研究，有多篇论文获市、区一、二等奖。负责课题的子项目研究、实验等。

陈卫东，中学物理一级教师，南海区桂城街道骨干教师，有较丰富的教学实践经验和较强的教科研能力，曾主持区级课题研究，有多篇论文获市、区一、二等奖。负责课题的子项目研究、实验等。

2. 完成的课题研究及相关成果

陈进文老师曾先后主持6个全国、省、区级课题，其中分别主持了全国“十五”教育部规划课题“‘研究性学习’在物理教学中应用探讨”和全国“十一五”教育部规划课题“‘四自四导’模式下初中物理自主探究学习方式的研究”，经课题专家组审查验收，同意结题，并评为课题一等奖，研究成果在全市大力推广。

近三年来，陈进文有二十多篇论文获国家、省、市级一、二等奖，或在国家级、省级刊物发表。

（二）前期准备

陈进文认真总结了研究过的相关课题，结合当前教学实际，特别针对“新课教学”“合作学习”等问题进行了深入思考和分析，并进行了广泛的研讨，以“自主合作式”为核心形成课题，同时形成课题内涵的初步认识。

对相关文献资料进行了研究、分析、整理，对课题研究的背景、理论依据、研究目标、研究内容及相关现状等有更进一步的理解和认识。

通过调研和座谈，结合近年来新课程的实施情况及影响课堂教学效益的因素等方面进行了认真的研讨、分析、论证，对本课题研究内容、研究方法的确定及研究方案的拟定有清晰的认识，并形成较完善的研究计划，为本课题的研究奠定了良好的基础。

（三）保障条件

1. 课题主持人陈进文是中学物理正高级教师，广东省新一轮“百千万名教师”培养对象，佛山市物理学科带头，南海区高层次人才。该主持人既是学校管理工作者，又是一线教学工作者，具备丰富的教学研究经验、有较好的教育理论素养，较强的科研能力，为本课题的有效研究提供了坚实的基础。

2. 课题组核心成员既有较高的理论素养，又有丰富的教学实践经验和较强的教学能力，这是本课题能顺利开展研究并取得实效的最重要的基础。

3. 课题研究在专业研究人员的统领、指导下进行，以群体研究和个体研究相结合的方式开展研究工作，并且在研究时间上能得到充分保证。

4. 本课题研究应用了多元智能、建构主义、心理学及信息加工理论等理论，可供借鉴的研究资料来源广、数量多，完全能确保课题研究的资料支持。

5. 课题组主要研究单位的校长非常关注和重视教科研工作，能为本课题的研究提供先进的理念引领和全面支持，为课题研究提供了制度保障和物质支持。

附录二

广东省“十二五”规划课题“高效物理课堂中学习小组合作方式的实践研究”课题结题报告

佛山市南海区平洲二中物理课题组　　执笔人：陈进文

一、课题的提出及意义

（一）课题的提出

1. 小组合作学习是教育现实的要求

新课程的核心理念是“以人为本”“促进共同发展”，我们应该看到初中学生在天性上的差异导致了其物理学习兴趣和认知能力上的差异，我们应尊重学生的差异，将各层次学生分成若干个学习小组，合作小组的形式存在了会带动学生合作意识的生成，不同能力的学生在组内获得不同的分工，课堂上在给学习小组提供适度宽松的活动空间，各个学生的内在潜能得到充分的挖掘，个体能动性和创造力得到有效发挥，而且这种合作的意识能够被有效放大，班级、学校成为吸引学生的公共资源，学生来学校上课、学习自然变成了一件幸福的事情。

2. 新课程观下初中物理教学适合采用小组合作学习方式

初中物理课大多是以概念和规律教学为主，所涉及的思维活动除了常识性的记忆以外，其他所有章节都可以运用合作学习的教学策略进行教学。它涉及所有的实验分组教学，而如果将这些试验放到小组中去，则更能体现生生互动的作用。合作学习更加有利于科学探究活动的实施，分组教学中学生不断变换角色，相互鼓励和支持，交流所需要的信息和材料，提供反馈信息以便更好地进行作业；对彼此得出的结论和推理进行质疑；支持为取得双方目标所付出的努力；获取大量知识的同时，促进个体的责任感和自我效能感的形成与发展；激发并维持学习的兴趣、动机，参与社会实践活动，增加社交技能，促进元认知能力，为创造性活动创设条件。

笔者正是考虑到当前初中物理教学采用小组合作学习方式的迫切性和必要性，才是选取和确定了“高效物理课堂中学习小组合作方式的实践研究”这一课题进行深入研究。

（二）课题研究的意义

物理是一门以实验为基础的学科，学生对于物理知识的获得，基本上是建立在实验的基础上，但一个完整的实验探究过程往往不是一个人能够完成的，合作学习是物理教学中一种行之有效的教学模式和教学策略。不过在具体实施过程中还存在一些问题，本研究的意义在于如下几个方面：

1. 发现当前小组合作教学存在的问题

发现问题是优化学习方式、提高教学效果的前提，通过本研究，我们可以清楚地认识到当前初中物理合作教学存在哪些问题，确保小组合作教学策略的优化具有针对性。本课题从发现的问题出发，结合“面向全体、发展个体和鼓励合作”的新课程理念，通过研究培养学生合作意识，提高学生合作技能，来提升学生的学习力、竞争力和创造力。

2. 丰富小组合作学习理论

理论是指导实践的基础。本研究在进行文献调查的基础上，对小组合作学习模式教学的基本特征和基本模式进行研究，并与初中物理教学有机结合起来，丰富了原有的小组合作学习理论，形成具有鲜明风格的课堂教学模式。本课题通过对新课程背景下初中物理课堂小组合作学习的形式与策略的研究，力求改革新课程背景下初中物理课堂的“教”与“学”的方式，努力构建小组合作学习基本教学模式理论体系。

3. **指导初中物理小组合作学习实践**

本研究的重要作用在于实践性：通过本研究总结初中小组合作学习策略，分别从初中物理课内、课外小组合作探究活动和合作探究学习评价这几个角度分析实施策略，试图探索出符合新课程背景下初中物理高效课堂教学中小组合作学习的形式与策略，并期望通过此课题研究能够有效提升物理课堂教学质量，达到大面积提高学生学业成绩的目的。

同时，通过本课题研究，培养学生的集体观念、团队思想和互助互惠意识，改善并建立民主、平等、和谐的新型师生关系。

二、核心概念的界定

（一）合作学习

合作学习（cooperative learning）作为一种富于创意的教学理论与策略体系，20 世纪 70 年代兴起于美国，由于它可以大面积提高学生的学业成绩，并且能满足学生的心理需要、促进学生情感的发展，很快受到了世界各国的普遍关注，成为目前许多国家采用的一种主流教学理论和教学策略，被人们誉为“近十几年来最重要和最成功的教学改革”。对于什么是合作学习，由于各国的合作学习的实践有一定差异，目前学术界对合作学习的概念尚无统一认识，表述上也就千姿百态，如欧美国家叫“合作学习”，前苏联叫“合作教育”，也有书籍称“协作学习”或“合作教学”。

本研究所涉及的合作学习是指促进学生在物理学习和探究活动中，异质小组中彼此互助，共同完成学习任务，并以小组总体表现为奖励依据的教学理论与策略体系。

（二）异质分组

将全班同学分成若干个合作学习小组，这些学习小组是“异质小组”，即是由性别、学业成绩、能力倾向等方面不同的成员构成。成员之间存在着一定的互补性，班中各小组总体水平基本一致（组间同质），每个小组都应是全班的缩影。组内异质为互助合作奠定了基础，而组间同质又为保证全班各小组间展开公平竞争创造了条件。

（三）小组合作学习

就是以学习小组（或学生团队）为基本形式，以小组成员合作性活动为主体，系统利用教学中动态因素之间的互动，充分发挥学生互助、互赖、互惠品质，促进学生动态且有效地学习，并以团体的学习成绩作为评价标准，以期共同完成学习任务的教学组织形式。

学习小组是小组合作学习的一种组织形式，不同的学习者之间，或两人、或一个小组、或一个集体只要存在积极互赖的心理倾向，并且每个成员的个体责任都能得到实现，就可以开展小组合作学习。主要形式有：微型组即两人组（往往是同桌）、中型组即三人或四人组（可以前后桌组合）、合作组即由 4 ~6 人组成的合作学习小组（可以以宿舍为单位组合）。

（四）物理探究学习

物理探究学习是指学生在教师指导下，以类似科学探究的方法展开学习活动，进而提高学生的科学素养。其本质特征是：教师不把构成教学目标的有关内容和认知策略直接告诉学生，而是创造一种适宜的认知和合作环境，让学生通过合作探究形成认知策略、达成教学目标的一种全方位学习方法。它既包括课堂内的合作探究，也包括课外实践活动合作探究；既有定向探究，也有学生间自由探究。即将探究渗透于学生的物理学习和各种实践活动之中。同时在探究过程中强调师生之间、生生之间、学生与周围其他人之间的相互合作。

三、研究的内容

1. 要想使参与、合作、探究的理念落在实处，就必须探索出一种新的教学模式，用新的教学模式来引领教学。为此，探索合作学习的策略和方法，如何解决合作学习中的存在问题，优化这种学习方式，有效提高课堂教学，是我们的研究必须解决的问题。

2. 改变传统的教学模式，深入挖掘教材内容。小组合作学习是新课程倡导的学习方式，但并不是所有的内容都适合合作学习，不是每节课都要搞，也并非所有的教学任务都要通过合作学习活动才能完成。班级教学、个人学习仍有着合作学习不可替代的独特地位和作用。那么，新课程教材中的哪些内容适合采用合作探究，哪些内容能够充分发挥学生的主观能动性？这也同样是我们要研究和解决的问题。

3．切实解决学生学习中的知识需求与心理需求。自主合作学习必须建立在学生知识需求与心理需求基础之上。在自主合作学习中，教师十分重要的任务就是培养和激发学生的合作欲望，使其处于一种合作的冲动之中，培养学生的合作情感。近年来，笔者在听课的过程中发现，有些学生由于基础较差，在课堂上主动发表自己观点和见解的意识欠缺，在学习上的合作意识更为薄弱。常常出现这样的情景：老师提出问题，让学生合作讨论，无人举手回答老师问题；有些学困生想回答，但看到老师的目光只盯着学习好的学生，便放弃了回答问题的念头。看到这样的情景，笔者很痛心。这些使笔者认识到，如果我们的老师能放弃偏见，实现真正意义上的合作学习，真正满足学生对知识的需求，满足学生的心理需求，我们的课堂不就充满生机与活力了吗？所以，我们研究的问题将围绕如何切实解决学生学习中的知识需求与心理需求展开，让每个学生都能参与、探究、主动参与到学习中，满足每个学生的知识需求和心理需求。

4．合理组织小组合作学习。构建合作学习小组是进行合作学习活动的组织前提，如何优化合作学习小组是我校研究的另一问题。在合作学习中，大部分是4人一组，每个班13组。我国许多学校由于师资资源不足，班级人数较多，一般都在50人左右，多者甚至达到七八十人，这给小组合作学习带来了一定困难。一般来讲，班级人数在50人以下，比较容易分组且易于管理；人数过多，不好分组也不好管理。另外，学校是按班级固定教室，这就给小组合作学习带来很多不便，因为有很多课不需要小组合作学习，一个班级的桌椅在课间休息的几分钟里重新布置是不现实的。因此，要根据学生性别、学习成绩、个性特征、能力水平等方面的差异，让不同特质、不同层次的学生进行优化组合、优势互补，保证合作学习小组“组内异质、组间同质”，就有了一定的难度。我校的研究围绕如何根据学生的知识基础、学习能力、兴趣爱好、心理素质等方面的差异，运用组间同质和组内异质的原则进行分组，充分利用人力资源，使小组成员之间具有互补性，小组之间力求均衡，便于公平竞争展开。

5. 优化教师的教学设计。我们的教师经常被任务型教学牵着鼻子走，而不考虑活动的必要性、合理性，这样往往造成学生在活动中要么争论了很久还没形成共同的意见，要么讨论了一两分钟就停下来，甚至出现冷场现象，学生无动于衷。因此，教师如何根据教学内容，根据学生实际精心设计小组合作学习的情境，把具有趣味性、生活化的问题，或开放性、探究性的问题作为小组合作学习的载体。教师设计问题如何有梯度性，由浅入深、由易到难、由简到繁，符合学生的思维习惯，可以使学习相对较困难的学生能跟得上上课的进程，更积极地参与到小组合作学习中去。教师如何选择有利的时机让学生开展小组合作学习，不让学生养成敷衍了事的不良习惯，使合作学习真正提高学习的效率是我们研究的又一问题。

6. 通过本课题的研究，更新教师的教育教学观念，从传统的以知识为本位的教育观转变为以学生的发展为本位的教育观，从而转变教师的教育方式和教学行为，使笔者所在学校教师的素质得到整体的提升。

7. 通过本课题的研究，转变学生的学习方式。改变过去学生单纯的接受式学习，充分调动、发挥学生主体性的合作学习积极性，形成学生感受情感、合作交流的学习环境，从而培养学生的创新精神和实践能力，使学生学会学习。

8. 构建新型的学校课堂教学组织形式，从而大面积提高学校教学质量。

四、研究重、难点

1. 研究重点

（1）调查初中物理教学现状和小组合作教学存在的问题；

（2）通过文献分析探讨小组合作学习方式的基本特征；

（3）制定初中物理小组合作学习方式的基本模式；

（4）通过案例分析初中物理课堂小组合作学习活动实施策略。

2. **研究难点**

（1）制定初中物理小组合作学习方式的基本模式；

（2）通过案例分析初中物理课堂小组合作学习活动实施策略。

五、研究实施

（一）调查了解了初中物理教学小组合作学习存在的问题及成因

作为本课题研究的一项重要内容，课题组于2011年4月组织了一次“初中物理小组合作教学现状”的调查活动，宗旨是为了准确了解当前初中物理小组合作学习实施的现状。通过调查，发现问题主要表现在如下几个方面：

1. **合作学习流于形式，缺乏真正意义的合作**

调查中发现，在初中物理教学实践中，一些教师对合作学习往往疏于设计，随意运用。未虑及学生的实际情况，贸然采用小组合作学习的方式组织学生开展相应的活动。我们经常看到这样的一些现象：课堂上又是小组合作讨论，又是表演，又是动手操作，又是研究成果展示，课堂气氛很活跃。仔细分析便会发现其原因在于所谓的学生合作学习只是流于形式上的热热闹闹，并不能使小组的每个成员都参与到合作学习的学习活动中去。在合作学习的课堂上，我们常常看到一些优秀的、表达欲望较强的学生成为学习的主角，而另外一些学困生限于自身知识水平和表达能力，不得不选择沉默，被有意无意地边缘化了，大多数时候他们成为了课堂学习中的看客。

2. **目标不明，分工不落实，学生参与度不高**

许多教师认为，所谓小组合作学习，就是将传统的由教师一言堂改变而为学生“自己做”；将教师传授为主活动改变为学生自主探究为主活动；在学习中，学生的独立性与相互合作性是最为重要的特征。教师最好的策略在于少为乃至不为。由于这种观念作祟，使得许多教师在学生合作学习时成了旁观者，合作学习则成了纯粹意义的自学，学习小组像无头的苍蝇，不知探究应该指向何方。在实际的小组合作学习过程中，有些教师往往不能把握自己的角色。在学生讨论时，教师要么站在讲台前，要么轮流转几圈，看看这组，瞧瞧那组变成了观众，不能把自己融入到学生的学习中，也就不可能成为学生的学习合作伙伴。这些现象，归根到底还是教师的角色没有发生转变，教师在学生的小组合作学习中没有能够发挥更好的作用。

在合作学习的实践中，有不少教师往往很注重自己的课时任务的完成，而较少关心或指导合作学习小组具体目标的实施，小组成员的任务分工则更少过问，于是，学生在小组合作学习中出现了一些不和谐的状态：忙的瞎忙（不知道自己在干什么）；闲的很闲（不知道自己要干什么）；闹的很闹（与其闲着倒不如乘机取乐）。究其原因，首先在于教师对合作学习目标认识不足。其次，对学生进行合作技能的教授与训练不够，导致学生因为缺乏必要的合作技能而无法安于合作，从而直接影响合作学习的顺利进行甚至严重削弱教学效果，至于培养学生的合作品质，则更无从谈起。

3. **合作意识与技能缺乏，合作学习效果不佳**

由于现今学生大多为独生子女，大多数人从小娇生惯养，养成了自我为中心的不良心态与习惯，合作意识普遍薄弱，从而使得他们在合作学习中自行其是，甚至唯我独尊。出现学生合作意识缺乏的原因在于，我们教师在平时教学中对学生的心理疏导较少，学生缺乏自信心和归属感，学习活动情意色彩不浓。也有部分学生合作愿望强烈，但往往缺乏良好的协作技能，尤其是群体中的交往技能。良好的合作意愿，不但无法转化为实际的合作实践，反而演化成了不欢而散的局面。这种缺乏合作意识，不愿倾听他人的看法，不懂得如何与他人商榷，遇到不顺己意时便对同伴指责与埋怨等情况的存在，无疑也是合作学习不能顺利开展的原因之一。

（二）分析探讨了小组合作学习方式的基本特征

课题研究组通过文献调查与小组合作学习方式相关的教育学基础、心理学基础、建构主义理论、元认知理论、物理学科基础等理论，并以此为指导，研究得出初中物理小组合作学习方式要想取得实际的效果应该具有如下几个特征：

1. **异质分组**

所谓异质分组，就是把学习能力、兴趣爱好、操作能力、性别、性格甚至家庭背景等诸方面不同的学生组成合作小组。文献表明 5 ~ 7 人的小组最好（Dillion，1987），在大组中，学生非常容易隐蔽自己，不参与交流。这样，小组内部学生之间在能力、个性等各个方面是互补的，有助于小组成员之间互相学习，完成不同要求的学习任务。而在同一班级中的不同小组间，各学习小组又是尽可能同质的，这样有利于激发各小组之间的竞争欲望，而且这样的竞争是平等的、可持续的。在进行合作学习小组分组时，教师要对每一个学生的基本情况都了解，有意识地安排学生的座位，任课老师和班主任之间要有互相的交流与合作，努力使合作学习小组的分组尽可能的合理，创设真正有利于学生合作探究的基础条件，有利于每一个学生在合作学习中获得有效的发展。合作探究小组的分组不能是随意的，不能在没有按异质分组原则的情况下，搞表面化的轰轰烈烈的合作探究。

2. **明确分工**

在各探究小组中，各成员完成小组学习任务时，必须有明确的分工。如有的学生担任小组的协调总结工作，有的动手操作，有的负责记录等，这样每个学生分工负责各自的工作，使得每一个学生都获得个人责任感，共同为完成小组的学习任务而努力。同时，这种组内分工又是不断调整的，组内每一位成员有机会分担不同的角色，获得不同的体验，从而有利于学生的全面发展。已经证实，合作探究学习有利于学生的社会化发展和提高同伴关系的质量，而这些又有助于学生体会到自己的价值和被尊重的感受。

3. **互动合作**

合作探究学习活动中学生间的活动应是互动的。在合作探究活动中，学生同样可以体现出自主性，自己有主动合作的意识，主动与其他同学合作探讨解决问题。教师要努力由“师教生学”向“共生互学”转变，由“传授知识”向“促进学习”转变，由“教案剧”向“创造剧”转变。在合作探究教学策略实施过程中，教师要关注探究小组内学生的分工情况，以及学习小组最后的学习成果的汇报水平。教师要在学生进行探究学习的过程中观察学生的交流合作情况，通过一些表象发现学生在合作探究中的闪光点和问题，有意识地运用鼓励、支持、引导等手段促进每个学生积极地参与到合作探究中去。在合作探究教学活动中，教师还应是参与者。互动合作不仅仅是针对学生之间，教师同样要积极参与学生的小组探究，从而形成师生互动合作的良好教学关系。研究表明，如果每一个探究活动都要具有高度的自主性和探究性，很少有学生有足够的能力从事这样的探究。教师在参与学生的探究活动中，根据学生的实际，选择教师指导探究的程度，有助于发展学生的探究能力。

4. **科学评价**

合作探究教学活动评价从形式上可分为组内评价和组外评价两种，组内评价由学生自我评价、学生之间的评价和小组自我评价构成，组外评价又有小组间评价和教师评价构成。最主要的评价形式是对合作学习小组的评价，通过小组自评、教师与其他小组的评价形成对该探究小组的总体评价。因此合作探究教学活动的评价是以探究小组的成绩呈现，学生个人的评价可以和小组的评价相同，也可以不同。

合作探究教学活动的评价可以分为过程性评价和结果性评价两种，其中以过程性评价为主。就学生发展而言，学生学习过程中获得的感受，体验的成功与失败以及对于问题的解决本身是更具实质性意义的学习成果，探究活动中的参与态度、付出的努力和钻研的精神是评价的重要内容。在过程性评价中，应着重以下几个方面：小组活动的方式、小组活动的秩序、组员的行为表现和参与情况、组员的合作技能等。结果性评价主要有：组员的学习效果、小组活动结果的汇报水平、对其他小组意见的修正与补充等。

（三）制定了初中物理小组合作学习方式教学的基本模式

基于初中物理学科特点和小组合作学习的特征，本研究对初中物理小组合作学习教学模式进行了设计。

1. **任务型小组合作学习模式**

以具体的任务为小组合作讨论的中心，组织教学，生生互动、师生互动在一个个任务活动的完成过程中循环式前进，教学流程如下表所示：

教学流程	操作过程	控制点
开始	提供问题情景和策略模型、引导有意义的讨论强调理解、探究新的概念和技巧	教师合作控制区段
小组合作讨论“任务一”	区分和归纳形成概念 → 解释材料做出推论 → 应用原理验证假设 ↓ ↓ ↓ 看（听）到了什么？确定事实范畴 → 解释思考的过程，提出个人的发现 → 相关知识的再现预测和假说的因果关系的确定	学生合作小组控制区段
阶段性小结	评价过程及澄清问题 （商讨问题情景、讨论策略/过程/发现、提供新发现、新“任务二”）	师生合作控制区段
小组合作讨论“任务二”	同上	学生合作小组控制区段
阶段性小结	评价过程及澄清问题 （商讨问题情景、讨论策略/过程/发现、提供新发现、新“任务三”）	师生合作控制区段
小组合作讨论“任务三”	同上	同上
……	……	……
课堂小结	任务回顾与总结 （简短回顾与总、发现结果的复习、与将来和过去研究的联系）	师生合作控制区段

2. 开放型小组合作学习模式

这种模式是以学生间自主合作探究为核心的一种探究模式，认知单线深入式发展，流程图如下：

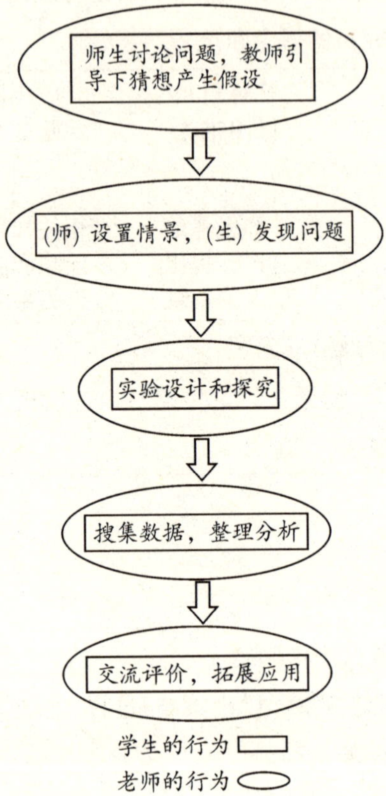

3. 指导型小组合作学习模式

指导型小组合作学习旨在将小组合作学习的优势和传统教学的优势进行有机整合，充分发挥教师在小组合作学习中的主导性作用，这种模式在操作时的难度，体现在教师参与度的控制上。流程图如下：

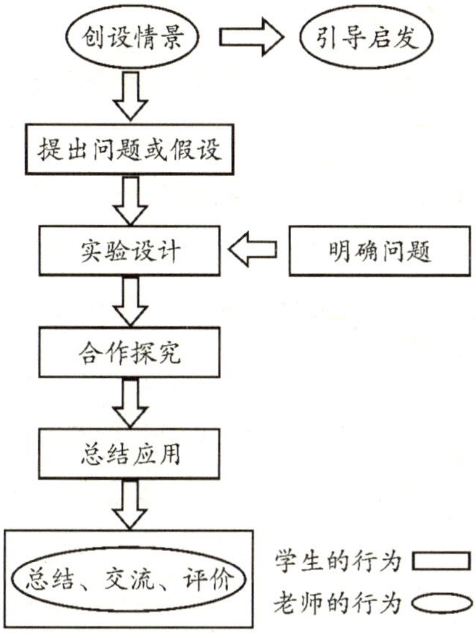

（四）分析了初中物理课堂小组合作学习活动的实施策略

1. 课堂小组合作学习内容的确定

大多数物理原理和规律都适宜采用小组合作探究的方式学习。课堂上用于小组合作学习的内容可从以下四个方面确定：

（1）从教材内容与教材内容拓展的角度确定探究内容。

课内合作探究内容首先应该从教材所呈现的内容中选择。课内探究内容的选择不仅要从教材内容中选择，还要注意扩大探究的视野，从拓展教材内容的角度，挖掘选择的途径。新课程标准的教学观，教材由专制走向民主，由封闭走向开放，由专家研制走向教师开发，由学科内容走向学生经验。教材不只是文本知识（教学计划、教学大纲、教科书等），而更是体验课程（被教师与学生实实在在体验到、感受到、领悟到的课程）。这也意味着教材的内容和意义在本质上对所有的人并不完全相同，在特定的教育环境中，每一位教师和学生对给定的教学内容都有其自身的理解，对给定内容的意义都有其自身的解读，从而对给定内容不断进行变革与创新，以使给定内容不断转化为自己的教材。因此，教师应在解读教材内容的过程中，创生并挖掘课内合作探究的内容。

（2）从学生学习兴趣的角度确定探究内容。

探究的内容应关注学生的问题，要注意了解学生关注和感兴趣的问题是什么，联系学生生活和社会实际思考课内探究的内容。例如在讲到“升华和凝华”时，做了一个“萘霜”演示实验（将萘敲碎后放入试管，再在试管中放入一些枯树枝，使其一端放在试管内，一端露出试管口，然后将试管放入 70 ℃至 80 ℃的热水中加热 15 分钟左右，停止加热 3 至 5 分钟，从试管中抽出树枝，就可以看到枯树枝上的“萘霜”），学生对此现象特别好奇，于是老师确定了一个“怎样制作冰霜”的探究课题让学生探究。尽管学生知道霜是水蒸气凝华而成，但要学生自己想出办法创造霜形成的条件制成霜，多数学生有困难。

正是这种理论与实践的差异，形成学生认知上的冲突，激起学生的兴趣和求知欲望。通过交流不仅使学生深刻理解升华和凝华的条件，还让学生认识到，能否在杯子的外壁看到霜，条件是杯壁的温度能否下降到 0 ℃以下，而杯子外壁下降的温度与杯子里冰块的温度、杯子的传热性能有关。接着教师又出了一道探究试题，让学生运用自己所学知识解决生活现象，展开小组合作学习，体现从生活走向物理，从物理走向社会的教育理念。

（3）从实现新课程提出三维目标的角度确定探究内容。

在新课程提出的知识与技能、过程与方法、情感态度与价值观三维目标中，过程与方法起到承上启下的作用。知识与技能是过程与方法的载体，方法不是针对某一具体事物的，它是从许多同类事物中概括出来的。方法的存在依赖于具体的事物，如果没有具体知识的支撑而空谈方法，这些方法只能是空洞的条文。过程是一种体验，现代心理学家童庆炳曾说过，在体验世界里，一切客体都是生命化的，都充满着生命的意蕴和情调。体验具有过程性、亲历性和不可传授性，是充满个性和创造性的过程。体验追求的是意义建构和心灵的冲动、情感的融入，直觉使体验达到了“意义世界”和“价值世界”，形成了个体的态度、个性和信仰。也就是说，情感、态度和价值观是体验过程中潜移默化的产物。可见教师在思考课内合作探究内容时，还应在过程与方法的教学目标中有机地结合知识与技能的目标，渗透情感、态度和价值观目标，选择合适的课题开展合作探究教学。

（4）从探究环节的角度确定探究内容。

物理课程标准提出了科学探究的七个要素，“提出问题、猜想与假设、制定计划与设计实验、进行实验与收集证据、分析与论证、评估、交流与合作”的过程是按探究的一般过程来设计的。在具体的实施过程中，它既是系统的又是灵活的，其系统性在于可以开展一系列活动，而其灵活性在于活动可以增减、替换，活动的顺序可以变换。教师应根据探究的要求灵活掌握，即在具体的探究活动中，可以包括上述的各个环节，也可以侧重其中的一个或几个环节。无论是全部还是侧重一个或几个环节，都应有具体的培养探究能力的目标。因此，我们还可以从探究环节、培养探究能力的角度，思考课内合作探究的内容。

2. 初中物理课堂小组合作学习活动的设计

课堂小组合作学习活动设计要为学生的自主学习、合作学习和探究学习创造机会，使课堂教学不仅成为学生学会知识的过程，还成为学生形成科学合理的学习方式的训练基地。

（1）小组合作学习活动的目标确定。

目标是小组合作学习的出发点和归宿，也是整个初中物理教学的灵魂和核心。目标决定着小组合作学习活动的走向，活动中的每个环节都必须指向目标。如果目标不明晰，整个小组合作学习活动也就失去了依据，最终也将使有效教学成为不可能。另外，学习物理的主要目的是培养学生的科学素养，而任何科学活动均是在一定目标指导下活动的，没有清晰的、可依据的教学目标，学生在探究活动中就不能建立起关于科学的清晰图像，也就不能真正明白科学的本质和价值，科学情感态度的培养也无从谈起。

（2）根据不同课型设计小组合作学习活动的类型。

① 概念和规律教学。

教师在课堂教学中，开展建立某种概念和规律探究活动是十分必要的。教师只有在基本概念和规律的教学中有计划、有目的地选择合适的内容采用小组合作学习的方式组织教学，才能使学生的认知更趋于合理和完善。教师在设计教学活动时，要特别注意了解学生的前概念（指学生在学习物理知识之前，由于日常生活经验的积累，对自然界中的有关现象形成了自己的观点和认识）。当前概念与科学概念一致时，这些“非正式”知识就成为学生进一步深入理解的基础；当前概念与科学概念不一致时，就会干扰学生对科学概念的学习。

② 观察和实验教学。

观察可以促使学生发现问题，深入思考，提高探究的能力。日常生活中，学生常常对许多现象熟视无睹，不能引发他们发现和提出问题，原因是教师缺少对探究活动的精心设计，或者是很少给学生以观察发现问题的机会，从而形成思维的惰性。如何设计适合小组合作的观察性探究活动?

用“看一看，想一想，做一做”的模式，给学生较大观察思考空间，通过相互交流，使学生发现自己没有想到和看到的问题，继而进行探究。在对某些现象运用知识进行解释后，进一步引导学生改变实验条件再观察现象（如：改变杯中水的深度，改变筷子插入水的倾斜程度），可以让学生进行更深入的探究。这样的设计使一个看似简单的活动变为一个不简单的研究课题，学生在过程中发现问题并掌握解决问题的方法，从而得到创造性教育。在分组实验中，更是需要很好地发挥小组合作学习的作用。

③ 习题与复习教学。

课题研究发现，小组合作学习方式教学活动的优越性可以体现初中物理课堂教学的各种课型上。概念、规律的新授课、复习课和习题课都要尝试运用小组合作学习模式。

六、研究成效

1. 知道了小组合作学习中存在的问题

通过调查，了解到当前初中物理小组合作存在的问题：合作学习流于形式，缺乏真正意义的合作；目标不明，分工不落实，学生参与度不高；合作意识与技能缺乏，合作学习效果不佳。这些问题都是因为我们教师没有吃透新课程教学理念，没有能够正视学生间的个体差异，没有能够立足于全体学生的发展，没有能够摆正教师在小组合作学习中的角色和位置所引起的。

2. 知道了小组合作学习的基本特征

初中物理小组合作学习活动中，学生的主动参与是进行合作探究教学的前提，问题的解决是进行合作探究教学的根本，小组合作学习是合作探究教学的主要方式，教师的引导点拨是进行合作探究教学的关键。

3. 确立了小组合作学习的模式流程

从初中生的学龄特点和初中物理学科特点出发，确立了几个有利于初中物理教学和学生科学素养发展的小组合作学习模式，并在实践中尝试建立了流程图。但不管是哪种小组合作学习模式中都应该包含以下内容：

（1）以学习小组为单位，学生围绕科学问题、实践或现象展开探究活动，教师对探究问题的难度要控制，确保探究知识能够与学生已有的知识相联系，同时又要造成他们的思维冲突，激励他们首先在小组内部进行积极讨论，形成积极探究的欲望。

（2）学生在学习小组内初步形成假设，并通过做实验的方式来探究问题，验证假设，解决问题，并尝试通过小组讨论的方式对观察结果进行合理的解释。

（3）学生分析、解读数据，通过组间交流讨论的方式将各学习小组的观点进行综合，提高对概念解释的科学性。

（4）教师呈现新的问题情景，所有学生尝试将所学知识或方法运用于新的情境，解决新的问题，促进方法的迁移和能力的培养。

（5）在整个学习过程中教师和学生以及学生和学生及时交流总结，对学习内容和学习方法进行讨论、反思和评价。

4. 确立了小组合作学习的实施策略

在合作探究教学活动实施过程中，要营造一个有利于开展合作探究教学的环境，恰当选择教学内容开展合作探究，合作探究活动过程的设计要适度，合作探究教学活动的总体设计要有一定的梯度，在强调合作探究教学的同时，注意多种教学方法的灵活运用，要建立合理有效的合作探究教学评价体系，教师也要切实更新教学观念，增强专业素质。

5. **增强了学生的学习能力**

在课题研究期间，我校物理教学一直坚持采用的是小组合作学习方式组织教学，学习能力得到增强，学习成绩得到大幅提升，近年中考的优异成绩进一步佐证了课题研究的成果。例如我校 2010 年中考物理合格率为 88.6%，优秀率为 41.68%，平均分为 71.3 分，位居全区的前列。2011 年中考我校再创佳绩，物理合格率为 91.3%，优秀率为 43.81%，平均分为 72.3 分，位居全区的前列；刘雅冬同学分别夺取佛山市物理中考单科状元。2013 年我校中考再创佳绩，中考物理合格率为 94.6%，优秀率为 54.68%，平均分为 75.3 分，位居全市第一名。

6. **转变了教师的教育观念**

通过开展本课题的实验研究，使教师自觉转变教学方式，从过去的教师是课堂的主角、学生是配角，转变为教师是课堂教学的导演、学生是主角。变重知识传授为重能力培养，变重成绩为重学生的发展。学习、研究、小结、再学习、再研究，在这良性的循环中教师的理论素养和实践能力增强了，教师的业务水平提高了，教师的教学经验丰富了，课堂灵动着生命的活力。教学中，教师能把书本知识与现实生活有机结合起来，充分利用课程资源，走生活化的教学之路，使教学内容更贴近了学生的实际，使课堂教学由灌输书本知识转变为综合学习活动，充分激发了学生的学习兴趣，有效地扭转了以往教师讲得辛苦、学生学得辛苦、教学效率低下的状况。教师在课题研究中我们更形成了一种合力，课题组教师团结协作，形成了浓浓的教科研氛围。

7. **提升了教师专业发展能力**

参与课题研究是辛苦的，但也是有收获的。大多数教师深深地认识到课改的重要性和必要性，认为只有走课程改革之路，全面落实新课程标准，切实转变课堂教学模式，改进教学方法，才能调动学生特别是学困生的学习积极性，激发学习兴趣，才能提高课堂教学质量，真正做到促进每一位学生的发展。实验教师积极参与课题实验，注意积累课题资料，开展教学反思，积极撰写课题论文和实验总结。全校基本形成了以科研促教研，以教研促教学的良好教研氛围，调动了全校教师参与教育科研的积极性。在课题研究期间，课题组成员在省级以上杂志发表或获奖一共发表相关文章22篇，其中有：

（1）2011年6月笔者撰写的论文《自导、和谐高效物理课堂的构建与实践》发表在省级刊物《广东教学研究》。

（2）2012年笔者撰写的论文《“导学合一”式教学在初中物理课堂实践与研究》获广东省一等奖。

（3）2013年7月笔者撰写的论文《激活初中物理课堂的实践研究》发表在国家级核心刊物《中学物理教学参考》ISSN1002－218X。

（4）2013年11月笔者撰写的论文《初中物理小组合作学习方式的研究》发表在国家级刊物《中学物理》CN23－1189/O4。

（5）2013年12月笔者撰写的论文《高效物理课堂小组合作模式及案例的实践研究》发表在国家级核心刊物《物理教学探讨》ISSN1003－6148。

（6）2013年11月笔者撰写的论文《初中物理教学魅力》发表在国家级核心刊物《物理教学》ISSN1002－0748。

（7）2013年11月笔者撰写的论文《浅谈物理教学中的“引课”》发表在国家级双核心刊物《物理教师》ISSN1002－042X。

（8）2013年12月笔者撰写的论文《实施自主互动学习策略　全面提高教学质量》发表在国家级核心刊物《中学教学参考》ISSN1674－6058。

（9）2013年12月笔者撰写的论文《例谈物理小组合作学习模式下教师的主导作用》发表在国家级刊物《中学物理》CN23－1189/O4。

（10）2014年1月笔者撰写的论文《新课程观下高中物理实验学习策略探析》发表在国家级刊物《中学物理》CN23－1189/O4。

（11）2014年2月笔者撰写的论文《“导学合一”式教学在初中物理课堂实践与研究》发表在国家级刊物《中学物理》CN23－1189/O4。

2011年，笔者代表广东省参加全国物理教学专业委员会的年会专题讲座，题目是《构建自主互动学习策略，全面提高教学质量》，在讲座中展示了本课题的部分研究成果，受到全国物理教学专家的高度赞扬。

七、今后努力方向

在初中物理小组合作学习模式组织教学的实践中，我们发现容易出现如下问题：

1. 部分教师在小组合作学习方式实践中拘泥于教学组织的形式，学生的合作探究活动缺乏自主思考和自主知识建构的过程，学生在活动中不动脑筋，呆板的、照方抓药式进行实验。这样的小组合作学习，学生缺乏思维动力，也就失去了合作探究学习的本质和灵魂。

2. 课外小组合作探究活动流于形式。本研究重点研究课堂内小组合作学习，不过我们在实践中发现，课堂内我们很多教师还能够有序地组织，但是在课外开展课外小组合作探究活动时，由于受到办学条件、制度、升学压力等因素制约，难以正常开展。

3. 小组合作学习的多元评价体系难以推广。在小组合作学习活动中，尽管学校、教师知道对学生的评价要关注过程，实施多元评价，但由于相应的配套制度并未建立，传统的考评制度起主导作用，合作探究教学的多元评价体系难以得到社会的广泛认同。

随着课程改革的不断深化，以初中物理小组合作学习方式为主流的教学模式必将得以贯彻实施，基于当前的班级授课模式下的小组合作探究教学活动正逐步揭开教育的某些基本特征。我们也有理由相信本研究所反映出的问题也会随着课程改革的不断深化而得以完善。